POP广告艺术设计

江敏华 编著

U0359953

清华大学出版社

北京

内容简介

本书是一本专门介绍 POP 广告设计相关知识的学习工具书。全书共 7 章，主要包括 POP 广告设计基础入门、POP 广告的色彩搭配应用、POP 广告设计的材料与类型、POP 广告的平面设计原理和字体设计、POP 广告设计的创意与巧思、POP 广告设计技巧提升、POP 广告案例赏析。本书主体内容采用"基础理论＋案例鉴赏"的方式讲解 POP 广告设计技巧，书中提供了不同类型的 POP 广告设计案例，目的是为读者打开设计的思路。图文搭配的内容编排方式不仅能让读者更好地掌握 POP 广告设计的基本知识点，还可以强化其实际应用能力。

本书适合学习 POP 广告设计、海报设计、平面设计的读者作为入门级教材，也可以作为大中专院校艺术设计类相关专业的教材或艺术设计培训机构的教学用书。此外，本书还可以作为 POP 广告设计师、海报设计师、平面设计师及艺术爱好者岗前培训、扩展阅读、案例培训、实战设计的参考用书。

图书在版编目 (CIP) 数据

POP 广告艺术设计 / 江敏华编著 . —北京：清华大学出版社，2022.9
ISBN 978-7-302-60770-0

Ⅰ . ① P··· Ⅱ . ①江··· Ⅲ . ①广告设计 Ⅳ . ① F713.81

中国版本图书馆 CIP 数据核字（2022）第 076076 号

责任编辑：李玉萍
封面设计：王晓武
责任校对：张彦彬
责任印制：宋　林

出版发行：清华大学出版社
　　　　　网　　　址：http://www.tup.com.cn，http://www.wqbook.com
　　　　　地　　　址：北京清华大学学研大厦 A 座　　　　　邮　　　编：100084
　　　　　社 总 机：010-83470000　　　　　邮　　　购：010-62786544
　　　　　投稿与读者服务：010-62776969，c-service@tup.tsinghua.edu.cn
　　　　　质 量 反 馈：010-62772015，zhiliang@tup.tsinghua.edu.cn
印 装 者：涿州汇美亿浓印刷有限公司
经　　　销：全国新华书店
开　　　本：185mm×260mm　　　　　印　　　张：13.5　　　　　字　　　数：216 千字
版　　　次：2022 年 11 月第 1 版　　　　　印　　　次：2022 年 11 月第 1 次印刷
定　　　价：69.80 元

产品编号：090863-01

PREFACE 前言

◯ 编写原因

为了提高促销效率，营造一个氛围感十足的销售空间，商家推出了POP促销的广告形式，因而POP广告设计也已成为一个流行专业。POP作品能不能抓住客户目光，突出产品卖点，是对每一个设计师的真正考验。因此，不断学习POP广告设计技巧，认识不同设计师的作品，对该工作大有裨益，为此我们编写了本书。

◯ 本书内容

本书共7章，从POP广告设计的基础入门、色彩搭配与广告形式、版式与字体设计、设计创意与技巧以及行业案例赏析5个方面讲解与POP广告设计相关的知识。各部分的具体内容如下所述。

部分	章节	内容
基础入门	第1章	该部分介绍POP广告设计的基础知识，包括定义、使用周期、发展历程、功能与基本特性等内容
色彩搭配与广告形式	第2~3章	该部分分两章介绍POP广告设计色彩搭配的各种形式。首先对色彩基础原理、基础色案例等进行介绍，然后从材料、陈列位置、呈现形式和设计周期等方面进行让大家认识POP广告
版式与字体设计	第4章	该部分主要介绍了平面构成要素和字体要素在POP广告中的应用，还介绍了基本的版式设计原理，让大家对POP广告设计的常见结构有一定的了解，以便于借鉴
设计创意与技巧	第5~6章	该部分主要介绍POP设计的创意方法和设计技巧，设计师能从不同的技巧中得到启发，灵活运用在自己的实际工作中，还可以举一反三，创作出更多创意设计作品
行业案例赏析	第7章	该部分是POP广告设计的案例赏析部分，从不同的行业与产品入手，有针对性地讲解了餐饮美食类、休闲娱乐类、美容美发类、服装饰品类等成熟设计作品，以帮助读者了解不同行业设计的区别

○ 怎么学习

○ 内容上——实用为主，涉及面广

本书内容涉及POP广告设计的各个方面，从入门知识、色彩、分类、布局、字体元素和创意赏析等多个方面，让读者了解POP广告设计是怎么一回事，读者可以在各个知识点中交叉学习，借鉴成熟的设计作品，提高自己的鉴赏能力。

○ 结构上——版块设计，案例丰富

本书特别注重版块化的编排方式，每个版块的内容均有案例配图展示，每个POP设计的配图都有配色信息和设计分析。对大案例进行分析时，还划分了思路赏析、配色赏析、设计思考、同类赏析4个版块，从不同角度分析该POP广告设计作品的精彩之处。这样的版式结构能清晰地表达我们需要呈现的内容，读者也更容易接受。

○ 视觉上——配图精美，阅读轻松

为了让读者认识POP广告设计的创意和技巧，我们精心挑选配图，无论案例配图还是欣赏配图，都非常注重配图的美观和层次，都是值得读者欣赏的设计作品，读者可以从这些精美的配图中学习美学知识，确立自己的设计风格。

○ 读者对象

本书适合学习POP广告设计、海报设计、平面广告设计的读者作为入门级教材，也可以作为大中专院校艺术设计类相关专业的教材或艺术设计培训机构的教学用书。此外，本书还可以作为POP设计师、海报设计师、平面广告设计师及艺术爱好者岗前培训、扩展阅读、案例培训、实战设计的参考用书。

○ 本书服务

本书额外附赠了丰富的学习资源，包括本书配套课件、相关图书参考课件、相关软件自学视频，以及海量图片素材等。本书赠送的资源均以二维码形式提供，读者可以使用手机扫描右侧的二维码下载使用。

编　者

CONTENTS
目录

第1章 POP广告设计基础入门

第2章 POP广告的色彩搭配应用

第3章 POP广告设计的材料与类型

第4章 POP广告版式设计与字体设计

第5章　POP广告设计的创意及巧思

第6章　POP广告设计技巧提升

第7章 POP广告案例赏析

第 **1** 章

POP广告设计基础入门

学习目标

对大众来说，POP广告最没有距离感，在日常生活中几乎随处可见。POP广告乍一看好像非常简单，实际却需要设计师考虑多个方面的问题，包括宣传语、版块划分、主体图案设计等，只有对POP广告有全面的了解才能作出清晰的规划与判断。

赏析要点

POP广告的定义
POP广告设计原则
POP广告的使用周期
传统POP广告
现代POP广告
推出新品
充当销售员
购买意识

1.1 POP广告基本概述

　　POP广告是多种广告形式中的一种，POP是Point of Purchase Advertising的缩写，意为"购买点广告"。POP广告通过简单直接的方式发挥其宣传作用，对于很多商家来说都是有效的宣传方式。那么，如何设计出有效的POP广告呢？首先就要对POP广告的定义、特点等有所了解。

1.1.1 POP广告的定义

POP广告是指在各种营业场所设置的各种广告设施,凡是在商场、零售商店周围、内部以及在商品陈设地所设置的广告物,都属于POP广告。与一些平面广告不同的是,POP广告有其自己的特色,如色彩较为强烈、图案较为丰富、字体较为夸张、广告语言简单有效等,能在特定的场所激起消费者的购买欲。

我们在日常生活中常见的POP广告包括:商店的牌匾,店面的装潢和橱窗,店外悬挂的充气广告、条幅,商店内部的装饰、陈设、招贴广告、服务指示,店内发放的广告刊物、进行的广告表演,以及广播、录像电子广告牌广告等。

1.1.2 POP广告设计原则

POP广告的目的性非常强，就是提高客户的购买欲，将销售利益最大化，而要达到这一目标，首先要遵循下述几项设计原则，从设计上入手。

◆ **醒目**：设计师在设计之前就要搞清楚销售的重点是什么，否则很难把握设计的主题，也难以突出宣传的重点。如果输入太多的信息，反而会导致观众的注意力被分散。如下所示的 POP 广告都有各自明确的设计目的，左图为"天天放心"的标语，右图为活动内容的话筒图标。

◆ **氛围感**：POP 广告能够为商家营造很强的销售氛围，所以设计师应该着重考虑场所、品牌、产品优势、价格等综合因素，设计出能打动消费者的广告，并渲染购物场所的艺术气氛。

◆ **统一**：广告设计的各项元素必须互相统一，和谐搭配，这样才能让效果倍增，让消费者信赖。

◆ **创意**：除了常规的设计之外，设计师还应该为整个设计添加一些创意，以增强其对消费者的吸引力和销售效果。如下图的 POP 广告，设计师对广告营销语都进行了特别的设计，创意十足。

1.1.3　POP广告的使用周期

　　POP广告的独特属性，使其与其他平面广告相比有较强的使用周期，只有注重使用周期，才能获得最佳的宣传效果，所以一般设计师会根据特定的情形将POP广告分为三大类型，即长期POP广告、中期POP广告和短期POP广告。

1. 长期 POP 广告

　　长期POP广告是使用周期在一年以上的POP广告类型，包括店铺门口的招牌POP广告、柜台及货架POP广告和企业形象POP广告等。

2. 中期 POP 广告

　　中期POP广告是指使用周期为一个季度左右的POP广告类型，主要用于季节性商品的广告，如服装，空调等。由于这类商品本身的特性，使对应的POP广告的使用周期在一个季度左右。

3. 短期 POP 广告

　　短期POP广告是指使用周期在一个季度以内的POP广告类型，包括柜台POP展示卡，展示架以及商店或超市的大减价、大甩卖招牌等。这类POP广告主要针对短期的商品销售期而存在，商品短期销售完或是促销期结束后，此类POP广告也就没有太大的作用了。

1.2　POP广告的发展历程

简单来讲，POP广告就是消费者在购买商品的场所看到的宣传广告。在经历了漫长的发展历程之后，POP广告的形式逐渐多样化。那么，POP广告到如今为止发生了哪些变化呢？下面一起来了解一下，以便对POP广告的多样性有清晰的认识。

1.2.1　传统POP广告

　　POP广告起源于美国的超级市场和自助商店里的店头广告。1939年，美国POP广告协会正式成立后，POP广告在广告领域获得了一定的地位。20世纪30年代后，POP广告在超级市场、连锁店等自助式商店频繁出现，成为非常典型的促销手段。

　　20世纪60年代以后，超级市场的这种自助式销售方式由美国逐渐扩展到世界各地，所以POP广告也一并走向世界各地。

　　从POP的宣传形式来讲，我国古代也有类似的宣传方式，如酒馆外面挂的酒葫芦、酒旗，或是饭馆外面挂的幌子，客栈外面悬挂的幡帜，医馆门口挂的药葫芦、膏药或绘制的仁丹等，以及逢年过节和重大庆典时的张灯结彩等，这些都可算作POP广告的前身。

　　如今在许多超市和大卖场还能看到这种传统类型的POP广告，如超市门口的横幅，或是收银处的促销联。

1.2.2　现代POP广告

　　现代POP广告在我国起步较晚，不过发展较快，各种形式的POP广告在生活场所中随处可见。比起传统的POP形式，现代POP广告善于利用一切工具加大宣传力度，如数字POP广告、音频类POP广告等。

1. 数字 POP 广告

数字POP广告就是利用电子产品的展示功能，将宣传语和宣传图案展示出来，将文字信息变成电子信息。这种广告极具律动感，能够刺激消费者的视觉感官。不管是商场大荧屏，还是小商店的电子屏、灯牌，以及手机App，广告载体的不断丰富让广告形式有了质的改变。

2. 音频类 POP 广告

声音广告一直被大家忽视，但是其宣传效果却非常大，相信很多人都有被街边音响"支配"的经历，可能会被音响里的打折信息和促销优惠影响，从而进店逛逛，购买一些商品。

这类广告虽然没有文字和图形，不会刺激消费者的眼球，但可以刺激消费者的其他感官以吸引消费者的注意力。

1.3 POP广告的主要功能

　　POP广告具有鲜明的特点，通过简单直接的方式就能宣传品牌及产品，创造一定的经济效益。那么，除了基本的促销功能以外，POP广告还有哪些常见的功能呢？下面一起来了解一下。

1.3.1 推出新品

　　一般企业或商场要推出新的产品，肯定要在第一时间向消费者传递有关的产品信息，以便让新产品走入大众的视野，为企业带来新的经济效益。因此，新品的推广要醒目、"炸裂"、直击人心。

　　大多数的POP广告基本上都运用在新品发布上，以配合其他的宣传媒体，吸引消费者的目光，刺激其购买欲望。如下所示的POP海报可以在发布会现场直接用三脚架展示。

1.3.2 充当销售员

　　大多数商家都有自己的销售员，负责向消费者传递产品的功能、外观、优势、优惠价格等信息。而POP广告一直被当作"无声的售货员"，摆放在产品之间，向消费者展示最关键的信息，并自动过滤掉一些不起眼的信息。

1.3.3 购买意识

　　推销产品和品牌有多种方式，但无论电视广告还是平面媒体，都不会在消费者心中留下非常深的印象，过一段时间就会被遗忘。而POP广告由于出现场所的特殊性，能够唤起消费者的潜在意识，促成购买行为。下图展示在货架上的POP广告，设计直接醒目，比较容易吸引消费者的目光。

1.3.4　营造销售气氛

POP广告强烈的色彩、炫酷的图案、生动的广告语言能够营造一种浓郁的销售氛围，让消费者置身其中。

每到夏季，大商场内就会挂起冷饮销售的横幅，用冰块、海洋、绿树、太阳帽作为POP广告的元素，烘托夏季的清凉，暗示消费者购买能获得夏日清凉感觉的产品。

1.3.5　提升企业形象

POP广告与其他形式的广告一样，都是为企业的销售服务的，并在一定程度上宣传企业的价值观、审美取向，从而在消费者心里形成品牌的基本形象。当然，一则有特色、有创意的POP广告能够提升或改变企业的固有形象。

例如，POP广告采用的主题色不同，就会在消费者心中留下不同的印象。若POP广告排版简洁，会给人留下简约的印象；若是排版有规律，就会留下专业、组织性强的印象。

　　企业可将品牌的基本标志、品牌颜色、企业形象图案、宣传标语、口号等制成各种形式的POP广告，以塑造富有特色的企业形象。

1.3.6　假日促销

　　前面我们介绍过，POP广告有基本的使用周期，所以非常适合针对特定时期进行设计，一般大卖场或超市进行假日促销时，都会批量制作不同商品的POP广告。这种广告还能在各种节假日营造欢乐的氛围，起到促销的作用。

　　当然，这类POP广告的重点要放在节假日上，将日期点明，并配上节假日主题元素，如端午节配粽子、中秋节配月饼、春节配鞭炮、圣诞节配圣诞老人等。

1.4 POP广告创意设计

　　现在，很多消费者对价格不是那么看重，反而在意产品带给他们的整体形象及体验感。而POP广告便可以在特定的场合将商品的各种信息通过一个整体意象传递给消费者。商家要让商品引人注目，就需要运用设计技巧，让消费者看到其POP广告与其他商家的不同之处。

1.4.1　塑造心理攻势

　　由于POP广告与产品多是紧密联系在一起的，且常常出现在产品旁边，所以宣传效果倍增。设计师要懂得利用现场广告发起心理攻势，这就需要精准把握宣传场所的环境、商品的性质以及顾客的需求和心理，只有这样才能设计出打动顾客的内容。因为除了价格是销售点外，顾客也会受不同内容的影响，出现心理波动，如两件装、清仓、特价、年轻化、酷炫、省电、智能、低油耗等。

1.4.2　简练与抢眼并存

　　一般来说，POP广告的容量有限，且又置于琳琅满目的商品之间，而要做到抢眼的同时又不低俗，设计师在设计时应该把握一个度，不能一发不可收拾。可从造型入手，做到简练、有组织，便于消费者阅读，并具有一定的美感，如此才能真正得到消费者的认同。

1.4.3 注重陈列设计

设计师应该明白POP广告并不是节日装饰，可以随便添加和点缀，应该将其视为构成商店形象的一部分而有所规划。第一步就要着眼店铺、环境、货架结构、周围装饰等整体环境，铺陈POP广告。比如一个货架展示一处POP广告，一个卖场只挂出若干横幅，而不张贴其他海报。

1.4.4 个性鲜明

由于POP广告总是大批量出现，看起来都千篇一律，没有较大的区别，因此容易造成消费者审美疲劳，设计师应考虑在基础设计上添加一些个性化的表达元素。

◆ 创造有新意的广告词，提高传播性。

◆ 创造个性化图案，最好针对不同年龄层的消费者赋予相应时代特色，以吸引具有相同特性的人群。

◆ 对排版结构进行重置，如对角平行排列字体，或呈圆形排列字体，或放大其中一部分字体。

◆ 对基本的设计元素另选呈现方式，出其不意，给人新奇之感。

1.4.5 形象主导

POP广告以销售为主，直白点说就是要将产品卖出去，所以大多数POP广告的推销点都以减价、打折、优惠销售等为主，利用差价吸引顾客购买。可是在满场的商品促销中，若是仅以价格吸引消费者会失去POP广告原有的功效。

设计师应该为产品或品牌设计自己的形象，有了一个固有的形象，才能给消费者持久的刺激，只要在某些固定的购物场所出现产品或企业形象，就能让消费者条件反射似的驻足，考虑是否购买。

1.4.6 强调现场效果

我们都知道POP广告一般出现在销售场所，包括商场、店铺门口，或者商业街、超市、市场等，每个场地都有各自的销售环境和氛围，这些对POP广告的设计都有较大的影响。

如果能够把握销售现场的效果，将经营档次、零售店的知名度、各种服务状况以及消费者的心理特征与购买习惯都考虑进来，就有机会设计出最打动消费者的POP广告，提高销售业绩。如零售店多考虑品牌连锁的效应，商场多考虑热闹气氛（如下页左图），店铺内的宣传广告更质朴（如下页右图）。

第 **2** 章

POP广告的色彩搭配应用

学习目标

如何运用POP广告设计的颜色元素，让各种颜色更贴合主题呢？设计师首先要熟悉颜色运用方式，并了解基本的颜色属性，尤其是各种约定俗成的用法。在有一定的设计储备后，才有可能对颜色运用自如。

赏析要点

色相、明度、纯度
主色、辅助色、点缀色
邻近色、对比色
蓝色
紫色
黑、白、灰
色彩对比
色彩调和

2.1　了解色彩基础原理

　　颜色作为设计的基础元素，能够在设计师的运用下烘托不同的氛围，表达不同的情感。一个专业的设计师一定是对色彩运用非常到位的，当然对于色彩基础原理和各种颜色的运用规则都会有不同程度的了解。

2.1.1 色相、明度、纯度

大部分人可能觉得颜色就是颜色，并不会对各种丰富多样的颜色进行划分。其实不同的颜色有不同的属性，大体上颜色可以划分为两大类——无彩色系和有彩色系。

◆ 无彩色系是指白色、黑色和由白色与黑色调和而成的各种深浅不同的灰色。无彩色系的颜色只有一种基本性质，即明度。颜色越接近白色，明度越高；越接近黑色，明度越低。用黑色与白色作为颜料，可以提高或降低颜色的明度。

◆ 有彩色系是指红色、橙色、黄色、绿色、青色、蓝色、紫色等颜色。不同明度和纯度的红色、橙色、黄色、绿色、青色、蓝色、紫色色调都属于有彩色系。

色相、明度、纯度是色彩三要素，可对颜色进行基本描述，代表某种颜色不同方面的特征。那么，这3种要素是如何描述的呢？

1. 色相

色相是有彩色的最大特征及首要特征，能够比较确切地表示某种颜色的色别，如玫瑰红、橘黄、柠檬黄、钴蓝、群青、翠绿等。一般来说，一眼望去是什么颜色，就是其色相。从光学原理上讲，色相是由射入人眼的光线的光谱成分所决定的。

2. 纯度

色彩的纯度是指色彩的纯净程度，也叫饱和度，它表示颜色中所含有色成分的比例。含有色彩成分的比例越大，则色彩的纯度越高，含有色成分的比例越小，则色彩的纯度越低。

光谱的各种单色光是最纯的颜色，为极限纯度。当一种颜色掺入黑、白或其他彩色时，纯度就会发生变化。用人眼来识别，某种颜色的纯度越低，我们就越无法明确识别。如下左图的POP广告纯度较低，右图是纯度较高的广告画面。

3. 明度

明度是指色彩的明亮程度，色彩的明度可分为两种类型。

一是同一色相不同明度。如同一颜色在强光照射下显得明亮，在弱光照射下显得较灰暗模糊；同一颜色添加黑色或白色以后也能产生不同的明暗层次。

二是各种颜色的不同明度。每一种纯色都有与其相对应的明度。白色明度最高，黑色明度最低，红、灰、绿、蓝色为中间明度。色彩的明度变化往往会影响到纯度，如果红色加入黑色以后明度降低了，同时纯度也降低了；如果红色加入白色则明度提高了，而纯度降低了。

有彩色的色相、纯度和明度这3项特征是不可分割的，设计师运用时必须同时考虑这3个因素。

2.1.2　主色、辅助色、点缀色

如何搭配色彩是每个设计师都要学会的基本技能，虽然可以有所发挥，但却要遵循色彩的基本功能性规律。色彩的功能性主要可分为主色、辅助色、点缀色，这些色彩在设计中各有不同的表达作用。

1. 主色

主色即一幅作品中的主体色彩，可影响人的第一印象，表达设计者的思想情感，一旦变更会对整个设计的主旨产生影响。如何区分主色呢？有以下3种方式。

◆ 在整个设计中，面积最大、纯度最高的色彩就可称为主色。

◆ 在整个设计中，相比面积较大，但纯度低或明度低的颜色，即使覆盖面积较小，但在画面中明度高、纯度高，让人不能不注意的，也可称为主色，如图所示的红色花朵颜色。

◆ 其实，在实际运用中，一幅设计作品的主色往往不止一种，也有双主色并用的现象，即两种颜色面积相等，互相有对比，能够表达深层次的主题。

2. 辅助色

一幅设计作品很少用一种颜色来表达主题，所以会使用辅助色，以辅助主色塑造完整的形象。那么，确定主色后，如何选择辅助色呢？

- ◆ 最好选择主色的同类色，如下左图的红色＋橙色，突出红色，使画面更加和谐。

- ◆ 选择主色的对比色，让画面具有强烈的视觉冲击力，同时又有稳定性，如下右图效果。

3. 点缀色

点缀色，顾名思义，就是在画面中起点缀作用的颜色，这种色彩在整个设计中的运用比例一般较小，其基本的特征如下所述。

- ◆　点缀色可以包括多种颜色。

- ◆　一般会出现较多的次数。

- ◆　颜色跳跃，一般与主色在色相环中相距较远。

- ◆　有一定的可阅读性，能引起注意。

2.1.3　邻近色、对比色

不同的颜色搭配会产生不同的效果，根据颜色属性，可对颜色搭配的进行归纳，下面具体来了解一下。

1. 邻近色

色相环中相距60度，或者相隔3个位置以内的两色，为邻近色关系。邻近色一般色相近似，冷暖性质一致，色调统一和谐、感情特性也差不多，如红色与黄橙色、蓝色与黄绿色等。

邻近色一般有两个范围，绿色、蓝色、紫色的邻近色大多数都在冷色范围里内，红色、黄色、橙色的邻近色在暖色范围内。

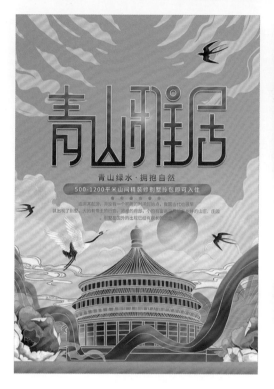

2. 对比色

色相环上相距120度到180度的两种颜色，称为对比色，对比色彼此之间的区分较为明显，可以从色相、明度、饱和度、冷暖、补色等多方面进行对比，比如黄色和蓝色、紫色和绿色、红色和青色等都是对比色。

2.2 POP广告设计基础色

　　POP广告设计的基础色，即以几种常见的作为主体色来表达相应主题的颜色，而选择哪种颜色作为基础色，设计师有许多考量。首先，设计师应对不同颜色的使用场景、表达方式及搭配方式有所了解，色彩运用才能更加游刃有余。

2.2.1 红色

红色是视觉冲击力非常强的一种颜色，容易引起人们的注意，看起来也比较醒目。因此，红色容易使人兴奋、激动、紧张、冲动、愤怒、暴躁，也易造成人的视觉疲劳和心理疲劳。所以，一般在需要渲染气氛的作品中，可以考虑使用红色作为主色调或搭配其他颜色。

大红
CMYK 0,93,84,0   RGB 255,32,33

石榴红
CMYK 3,97,100,0   RGB 242,12,0

蔷薇色
CMYK 6,78,40,0   RGB 240,91,113

朱砂
CMYK 0,85,85,0   RGB 255,70,31

洋红
CMYK 0,84,32,0   RGB 254,71,119

桃红
CMYK 3,66,35,0   RGB 245,121,131

海棠红
CMYK 17,78,44,0   RGB 219,90,108

银红
CMYK 5,80,59,0   RGB 240,86,84

茜色
CMYK 38,95,68,2   RGB 178,44,70

	CMYK	5,82,96,0	RGB	239,79,17
	CMYK	42,91,100,9	RGB	163,50,10
	CMYK	48,96,100,20	RGB	140,34,10

○ 同类赏析 ▲

该夏日烤串的POP广告主题为"夏日"，用烤炙到深红的食材，来展现夏日的活力和热闹。

	CMYK	42,69,66,1	RGB	169,102,85
	CMYK	56,100,100,48	RGB	92,0,5
	CMYK	16,29,73,0	RGB	228,189,84

○ 同类赏析 ▲

该厨艺大赛POP广告以深红色作为背景，插图形象生动，营造出一种烟火气十足的意象。

	CMYK	30,100,100,0	RGB	194,25,32
	CMYK	13,98,100,0	RGB	226,11,19

○ 同类赏析 ▲

该预防肺炎的公益POP广告用鲜亮的红色来吸引人，并起到警示作用。白色的文字得到清晰的展示。

	CMYK	0,64,38,0	RGB	254,128,129
	CMYK	0,49,27,0	RGB	252,162,161

○ 同类赏析 ▲

该POP广告作品用柔和浪漫的粉红色来表达感恩节的心情是最合适不过的了，再加上卡通形状的字体，让消费者心中充满了暖意。

2.2.2 橙色

　　橙色是介于红色和黄色之间的颜色，又称橘黄色或橘色。在POP广告作品中，多用橙色来营造阳光、欢快、活泼的环境氛围，橙色是暖色系中最温暖的颜色。

橙色
CMYK　0,58,80,0　　　RGB　250,140,53

橘黄
CMYK　0,59,78,0　　　RGB　255,137,55

黄棕色
CMYK　5,46,64,0　　　RGB　244,164,96

杏色
CMYK　3,40,53,0　　　RGB　249,178,122

蜜柑色
CMYK　4,62,88,0　　　RGB　244,130,33

珊瑚色
CMYK　0,64,65,0　　　RGB　255,127,80

橙黄
CMYK　0,46,91,0　　　RGB　255,164,0

杏红
CMYK　0,58,80,0　　　RGB　255,140,49

黄丹
CMYK　0,80,95,0　　　RGB　234,85,20

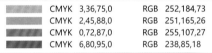

	CMYK 3,36,75,0	RGB 252,184,73
	CMYK 2,45,88,0	RGB 251,165,26
	CMYK 0,72,87,0	RGB 255,107,27
	CMYK 6,80,95,0	RGB 238,85,18

○ 同类赏析 ▲

该大闸蟹餐饮的促销POP广告用卡通形状
的大闸蟹作为主要设计元素。鲜艳的橙色让
人联想到熟透的大闸蟹,添加了亲近感。

	CMYK 3,52,92,0	RGB 247,151,4
	CMYK 11,10,38,0	RGB 238,229,174
	CMYK 3,0,16,0	RGB 253,253,227
	CMYK 69,13,100,0	RGB 85,171,22

○ 同类赏析 ▲

该橙汁POP广告将主题设为橙子,用鲜亮
的橙色来吸引消费者。

	CMYK 4,76,78,0	RGB 243,96,53
	CMYK 7,10,33,0	RGB 245,233,185

○ 同类赏析 ▲

某学校学生会招生,在POP广告中用橙色可以
轻易地吸引学生们的注意力,同时展现大学生
的活力,用立体文字呈现3D效果,创意十足。

	CMYK 0,48,80,0	RGB 254,162,53
	CMYK 48,3,10,0	RGB 139,211,235
	CMYK 2,44,12,0	RGB 248,174,191
	CMYK 6,13,71,0	RGB 254,226,90

○ 同类赏析 ▲

该夏日凉茶广告主要向消费者传递清凉的
感觉,所以在POP广告中用到冰块元素。
文字设计为卡通样式,更有亲切感。

2.2.3 黄色

　　黄色在光谱中介于橙色与绿色之间，类似熟柠檬或向日葵色、黄菊花色，在众多的颜色中属于温暖的颜色。但这种颜色运用起来却并不简单，添加少量别的颜色就容易失去其本来的面貌。黄色和蓝色是一种流行的组合色，黄色可以点燃清冷的蓝色从而创建高对比度；黑色和黄色可以组合起来创建工业化的视觉效果。

黄色
CMYK　10,0,83,0　　　RGB　255,255,0

向日葵色
CMYK　3,31,89,0　　　RGB　255,194,14

鹅黄
CMYK　7,3,77,0　　　RGB　254,241,67

鸭黄
CMYK　11,0,63,0　　　RGB　250,255,113

绿黄色
CMYK　21,18,93,0　　　RGB　222,204,0

蒲公英色
CMYK　5,21,88,0　　　RGB　255,212,1

中黄
CMYK　7,10,87,0　　　RGB　254,230,0

郁金色
CMYK　3,36,82,0　　　RGB　253,185,52

淡黄
CMYK　19,23,61,0　　　RGB　222,198,116

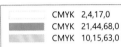

	CMYK 2,4,17,0	RGB 255,248,222
	CMYK 21,44,68,0	RGB 213,158,91
	CMYK 10,15,63,0	RGB 244,221,114

○ **同类赏析** ▲

该烘焙培训POP广告以淡黄色为背景，一可以暗示奶酪的意象，二可以更好地展现各种排列的糕点，使其看上去既可口，又种类丰富。

	CMYK 7,1,65,0	RGB 255,246,109
	CMYK 54,0,12,0	RGB 111,215,240
	CMYK 81,41,27,0	RGB 28,132,169

○ **同类赏析** ▲

该POP广告用于文明城市的宣传，用黄色背景衬托浅蓝色的城市剪影插画，黄、蓝色差为整个画面营造出一种空间感。

	CMYK 8,6,80,0	RGB 253,237,56
	CMYK 14,86,57,0	RGB 225,68,85
	CMYK 0,0,0,60	RGB 137,137,137

○ **同类赏析** ▲

该招聘POP广告的宣传语"期待最闪亮的你"非常有号召力，主体图案为灯泡，在黄色背景的衬托下闪闪发光。

	CMYK 6,14,48,0	RGB 249,225,151
	CMYK 14,4,78,0	RGB 240,235,71
	CMYK 7,70,89,0	RGB 237,110,33

○ **同类赏析** ▲

丰收季节，稻米成熟值得庆祝，在商场内用POP广告进行宣传，可以增添更多生活气息，金黄色背景十分适宜。

2.2.4 绿色

绿色在自然界中经常能见到，包括纯绿、豆绿、橄榄绿、茶绿、玉绿、孔雀绿、墨绿、深绿、青绿、碧绿、淡绿、嫩绿、薄荷绿等多种颜色种类，不同色调的绿呈现在大家眼前会形成不同的氛围，一种柠檬绿可以让一个设计很"潮"，橄榄绿则更显平和，而淡绿色可以给人一种清爽的春天的感觉。

绿色
CMYK 66,0,100,0   RGB 0,229,0

草绿
CMYK 63,0,80,0   RGB 65,222,91

抹茶色
CMYK 36,22,66,0   RGB 183,186,107

草色
CMYK 65,43,87,2   RGB 109,131,69

柳色
CMYK 60,24,81,0   RGB 120,163,84

松叶色
CMYK 62,36,73,0   RGB 116,144,93

薄荷绿
CMYK 80,24,98,0   RGB 29,149,62

青绿
CMYK 86,41,70,0   RGB 0,125,101

深绿
CMYK 91,54,100,24   RGB 0,88,48

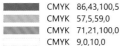

	CMYK 86,43,100,5	RGB 0,119,35
	CMYK 57,5,59,0	RGB 120,194,133
	CMYK 71,21,100,0	RGB 79,159,48
	CMYK 9,0,10,0	RGB 238,248,239

◎ 同类赏析 ▲

该猕猴桃鲜果汁宣传POP广告以绿色为主色调，用颜色生动展现饮料的外观，给消费者一个暗示——果汁美味可口。

	CMYK 71,18,99,0	RGB 77,163,54
	CMYK 42,5,55,0	RGB 167,210,141

◎ 同类赏析 ▲

该摄影培训POP广告整体以绿色为统一色调，简单的布局让文字信息更加突出，利于宣传，相机插图增强了可读性。

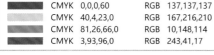

	CMYK 0,0,0,60	RGB 137,137,137
	CMYK 40,4,23,0	RGB 167,216,210
	CMYK 81,26,66,0	RGB 10,148,114
	CMYK 3,93,96,0	RGB 243,41,17

◎ 同类赏析 ▲

该暑假班招生POP广告用绿底白字，信息展示得非常清楚，并有夏天的感觉，卡通图案更能拉近与学生的心理距离。

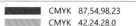

	CMYK 87,54,98,23	RGB 29,90,49
	CMYK 42,24,28,0	RGB 164,180,180

◎ 同类赏析 ▲

该国际气象日POP广告，用墨绿色象征大自然，再加上雨滴图案点缀，既增添了朦胧美，又与天气主题契合。

2.2.5 青色

　　青色是介于绿色和蓝色之间的一种颜色，给人一种清脆而不张扬、伶俐而不圆滑、清爽而不单调的感觉，象征着坚强、希望、古朴和庄重。青色可用于多种作品的设计，设计师可以对该颜色进行创意性发挥。

青色
CMYK 65,0,54,0　　　RGB 0,225,159

翡翠色
CMYK 61,0,47,0　　　RGB 61,225,174

青竹色
CMYK 59,12,41,0　　　RGB 114,185,167

水浅葱
CMYK 61,27,39,0　　　RGB 112,161,158

玉色
CMYK 63,0,52,0　　　RGB 46,223,163

石青
CMYK 55,0,46,0　　　RGB 122,207,166

碧色
CMYK 67,0,49,0　　　RGB 28,209,166

青碧
CMYK 67,0,47,0　　　RGB 72,192,164

竹青
CMYK 61,36,70,0　　　RGB 120,146,98

	CMYK 91,60,60,14	RGB 3,88,95
	CMYK 60,33,100,0	RGB 125,150,30

○ 同类赏析　▲

宣传节气的POP广告要把握好节气的特殊之处，就像清明，可运用雨滴、远山、芳草来勾勒清明时节的美，主色多为青色。

	CMYK 39,0,63,0	RGB 177,221,124
	CMYK 8,0,12,0	RGB 242,255,237
	CMYK 61,0,98,0	RGB 95,209,25

○ 同类赏析　▲

该植树节POP广告以青草色渲染画面，中间用文字"树"来呈现主题，吸引大众，并在左上角用树梢点缀，既简洁又有细节。

	CMYK 12,0,18,0	RGB 235,255,225
	CMYK 60,2,89,0	RGB 112,194,68
	CMYK 6,12,68,0	RGB 254,229,100

○ 同类赏析　▲

该夏日招牌饮料柠檬水POP广告用青色作为背景色，对应时节，衬托卡通版的柠檬水，黄色、绿色相搭配，既活泼又清爽。

	CMYK 45,0,46,0	RGB 153,224,166
	CMYK 15,41,0,0	RGB 251,170,249
	CMYK 6,14,57,0	RGB 251,225,128
	CMYK 2,54,76,0	RGB 249,149,64

○ 同类赏析　▲

该面向商场VIP宣传的POP广告为了提高暑期的销售量，用淡雅的青色和粉色、黄色搭配，以清亮的色系渲染夏日的美好。

2.2.6 蓝色

　　蓝色给人的观感可能会异常亲切，因为它类似晴天天空的颜色，几乎每个人仰望天空都能感受到蓝天带给人的舒适和自由，能让人联想到海洋、天空、湖水、宇宙。其实，生活中设计师用蓝色，主要是为了表现出一种晴朗、美丽、梦幻、冷静、理智、安详与广阔的意境。

蓝
CMYK 62,0,8,0　　　　RGB 68,206,245

蔚蓝
CMYK 48,0,13,0　　　　RGB 112,242,255

水色
CMYK 36,2,14,0　　　　RGB 175,223,228

浅缥
CMYK 86,58,20,0　　　　RGB 36,104,162

琉璃色
CMYK 87,66,7,0　　　　RGB 42,92,170

群青
CMYK 75,55,7,0　　　　RGB 78,114,184

宝蓝
CMYK 79,66,0,0　　　　RGB 75,92,196

藏蓝
CMYK 91,96,23,0　　　　RGB 59,46,126

靛蓝
CMYK 94,71,41,3　　　　RGB 6,82,121

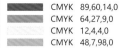

	CMYK 89,60,14,0	RGB 3,100,168
	CMYK 64,27,9,0	RGB 94,164,213
	CMYK 12,4,4,0	RGB 230,239,244
	CMYK 48,7,98,0	RGB 154,198,23

○ 同类赏析 ▲

在如上的啤酒POP广告中，以冰山为背景，用几种不同的蓝来表达层次感和冰爽感，并衬托绿瓶包装和艺术字。

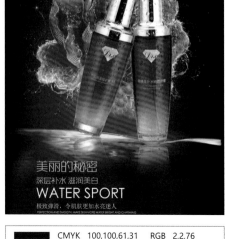

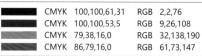

	CMYK 100,100,61,31	RGB 2,2,76
	CMYK 100,100,53,5	RGB 9,26,108
	CMYK 79,38,16,0	RGB 32,138,190
	CMYK 86,79,16,0	RGB 61,73,147

○ 同类赏析 ▲

这是某款化妆品的POP广告，为了展现补水的功效，用"水之花"在蓝色背景中绽放，表达了水嫩、高级的质感。

	CMYK 100,100,61,34	RGB 0,22,69
	CMYK 93,68,27,0	RGB 0,88,144
	CMYK 44,10,5,0	RGB 153,206,238

○ 同类赏析 ▲

该款面膜POP广告以冰山为主要设计元素，勾勒成钻戒的意象，蕴含珍贵之意，与蓝色背景也非常契合。

	CMYK 60,22,0,0	RGB 96,177,255
	CMYK 98,84,0,0	RGB 1,52,177
	CMYK 54,0,14,0	RGB 68,239,255
	CMYK 67,17,0,0	RGB 50,180,255

○ 同类赏析 ▲

该补水霜POP广告用深浅不同层次的蓝色塑造水的意境，以暗示消费者，颜色搭配不会"喧闹"，反而突出了护肤品。

2.2.7 紫色

紫色属于中性偏冷色调，由温暖的红色和冷静的蓝色混合而成，是极佳的刺激色，包括紫红、木槿紫、紫罗兰、矿紫、锦葵紫、兰紫、浅灰紫等色系。在感情上，它给人安全感和梦幻。使用紫色，可以结合其他色彩营造与众不同的情调。

紫色
CMYK 60,77,0,0　　RGB 142,75,188

菖蒲色
CMYK 71,77,6,0　　RGB 105,77,159

江户紫
CMYK 68,71,14,0　　RGB 111,89,156

葡萄色
CMYK 82,93,49,19　　RGB 71,44,85

紫绀
CMYK 82,100,56,30　　RGB 66,20,69

青紫
CMYK 71,76,6,0　　RGB 105,80,161

堇色
CMYK 67,67,6,60　　RGB 111,96,170

丁香色
CMYK 27,41,0,0　　RGB 204,164,227

紫棠
CMYK 78,100,54,20　　RGB 86,0,79

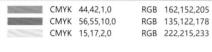

	CMYK	44,42,1,0	RGB	162,152,205
	CMYK	56,55,10,0	RGB	135,122,178
	CMYK	15,17,2,0	RGB	222,215,233

○ 同类赏析 ▲

该面膜POP广告用紫色来突出梦幻、美丽、高贵的意境，以便吸引女性消费者。加入"水"元素，更贴合面膜的基本功能。

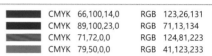

	CMYK	66,100,14,0	RGB	123,26,131
	CMYK	89,100,23,0	RGB	71,13,134
	CMYK	71,72,0,0	RGB	124,81,223
	CMYK	79,50,0,0	RGB	41,123,233

○ 同类赏析 ▲

这是某酒吧发布的POP广告，以"狂欢"为主题，用紫色表现一种魅惑、迷醉的氛围，非常契合酒吧环境。

	CMYK	60,96,16,0	RGB	134,39,131
	CMYK	80,98,25,0	RGB	90,41,122
	CMYK	8,2,86,0	RGB	254,242,0
	CMYK	7,95,87,0	RGB	236,33,37

○ 同类赏析 ▲

该餐厅重阳节POP广告主题是节假日优惠，以文字为主要设计元素将信息简单地传递出来，纯色的背景非常契合广告主题。

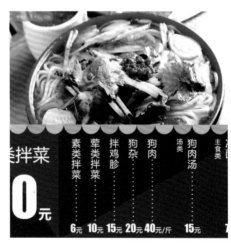

	CMYK	81,97,51,24	RGB	71,36,78
	CMYK	90,100,63,38	RGB	49,1,63
	CMYK	53,4,89,0	RGB	140,198,62

○ 同类赏析 ▲

该餐厅灯箱片广告，用招牌菜的图片作为吸引客户的主要元素，深紫色的菜单，白色的文字简单清晰，一目了然。

2.2.8 黑、白、灰

　　黑色、灰色、白色这3种颜色属于无彩色系统色（中性色），3种颜色属性既对立又有共性，常用来表达复杂或不同层次的思想、情感和心理等。在设计领域，黑色、白色、灰色被称为经典色，有强大的表现力，能起到调节、补充与增强画面视觉效果的作用。

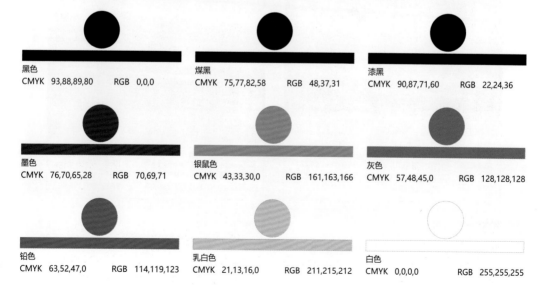

黑色
CMYK　93,88,89,80　　　RGB　0,0,0

煤黑
CMYK　75,77,82,58　　　RGB　48,37,31

漆黑
CMYK　90,87,71,60　　　RGB　22,24,36

墨色
CMYK　76,70,65,28　　　RGB　70,69,71

银鼠色
CMYK　43,33,30,0　　　RGB　161,163,166

灰色
CMYK　57,48,45,0　　　RGB　128,128,128

铅色
CMYK　63,52,47,0　　　RGB　114,119,123

乳白色
CMYK　21,13,16,0　　　RGB　211,215,212

白色
CMYK　0,0,0,0　　　RGB　255,255,255

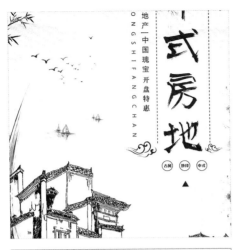

| | CMYK 67,62,56,8 | RGB 103,97,99 |
| | CMYK 7,5,5,0 | RGB 241,241,241 |

	CMYK 59,42,31,0	RGB 123,140,158
	CMYK 35,24,15,0	RGB 180,187,203
	CMYK 29,84,72,0	RGB 197,72,68

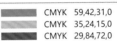

○ 同类赏析 ▲

这是一款极具中国风特色的房地产广告。作品以水墨之色渲染中式建筑的特色，更能打动消费者，寻找到目标客户。

○ 同类赏析 ▲

该节气POP广告主题为小寒，用梅花做点睛之笔，以灰色调渲染冰天雪地，更能突出红梅的美丽。

| | CMYK 90,86,85,77 | RGB 8,6,7 |
| | CMYK 44,69,79,4 | RGB 162,99,66 |

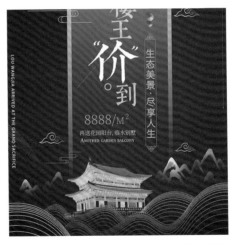

| | CMYK 78,68,64,26 | RGB 64,72,75 |
| | CMYK 3,17,43,0 | RGB 253,223,159 |

○ 同类赏析 ▲

该书法招生POP广告以黑色为背景色调，与墨水颜色相近，同时又有深沉之意，与白字对比，互相衬托。

○ 同类赏析 ▲

该房地产品牌新推出的临水别墅，在POP广告宣传海报中，用宫殿样式+水纹来呈现建筑风格，灰色的背景更衬托出金色线条的高端。

POP广告色彩运用

除了运用主体颜色烘托不同的情感和氛围，设计师还要懂得各种颜色之间的搭配，如各个颜色的对比与调和。越是丰富的颜色，就越难把握，越难分清重点，所以要从不同的案例中寻找设计规律。

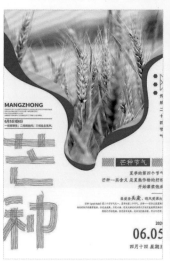

2.3.1　色彩对比

两种以上色彩组合后，由于色相差别而形成的对比效果称为色彩对比。色彩对比包括许多不同的方面，有色相对比、明度对比、纯度对比、补色对比、冷暖对比、面积对比、黑白灰对比、空间效果和空间混合对比等。

	CMYK 95,91,80,73	RGB 1,5,16		CMYK 0,96,72,0	RGB 254,0,52
	CMYK 18,96,15,0	RGB 219,0,128		CMYK 75,15,36,0	RGB 0,170,177

○ **思路赏析**

这是某音乐节的POP广告，设计师为了塑造音乐节的意象，用颜色和几何图形作为基本元素，看似凌乱，实则各个元素排列仍有规律可循。

○ **配色赏析**

作品以黑色为背景，能更好地呈现各种颜色，包括青绿色、紫红色、黄色、红色，五彩斑斓得就像黑夜中的霓虹灯，瞬间将大众带入了音乐节的热闹欢快的氛围中。

○ **设计思考**

设计以几何图形为主要元素，通过半圆形、圆形、长条形、三角形、原点的巧妙排列，让整个画面不仅生动有趣，而且极具律动感。

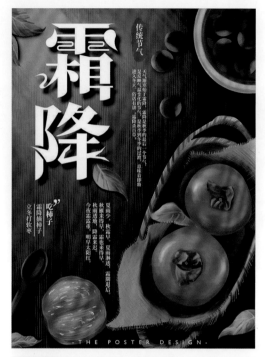

	CMYK 87,85,67,51	RGB 35,34,48
	CMYK 19,72,91,0	RGB 215,101,38

	CMYK 0,72,86,0	RGB 249,105,34
	CMYK 76,46,0,0	RGB 50,135,252
	CMYK 12,27,75,0	RGB 238,196,78
	CMYK 85,81,83,69	RGB 23,22,20

○ 同类赏析 ▲

该以霜降为主题的POP广告，用橙红色的柿子营造秋天的气氛，与灰蓝色形成对比，属于冷暖色调的对比，能让人感受到一丝暖意。

○ 同类赏析 ▲

该广告公司的招聘POP广告用各种新奇的标语来吸引年轻人，并用红色、蓝色两种色系的对比，分别介绍需要招聘的两个职位，既详细又显眼。

○ 其他欣赏 ○　　　**○ 其他欣赏 ○**　　　**○ 其他欣赏 ○**

2.3.2 色彩调和

在色相环中的颜色，若彼此相隔不远，且对比又不强烈，就是可以互相融合搭配颜色。如果3色以上的颜色搭配，设计师要以丰富、活泼，但又不失统一、雅致为原则。

	CMYK 89,78,94,73	RGB 5,18,1		CMYK 21,29,68,0	RGB 218,187,97
	CMYK 86,66,100,53	RGB 25,51,12		CMYK 23,16,70,0	RGB 215,207,98

○ 思路赏析

该楼盘POP广告整体给人的感觉高档奢华，颜色运用非常有层次感，设计师加入了许多中式的元素，以期得到客户的关注。

○ 配色赏析

画面的背景色为暗绿色，有幽暗古朴的意味，以金色点缀，能够从整体上提亮色调，且与暗绿色共同营造了复古的格调。

○ 设计思考

仔细观察可以看到背景颜色有许多细节设计，就像油画被刮过一样，非常有艺术感。金色的像剪纸一样的建筑群和园林意象，非常有象征意义。

	CMYK 28,4,0,0	RGB 193,229,255
	CMYK 4,28,78,0	RGB 254,200,65
	CMYK 0,30,14,0	RGB 252,202,203

	CMYK 19,0,9,0	RGB 216,242,241
	CMYK 76,40,63,0	RGB 70,132,111
	CMYK 44,98,39,0	RGB 168,32,104
	CMYK 18,8,79,0	RGB 231,225,69

 同类赏析 ▲

这是某冰淇淋促销POP广告。作为夏日畅销小食的推广海报，用浅蓝色和橙色互相搭配，既有夏日的风味，又有一抹夏日的清凉。

同类赏析 ▲

该美容院的招聘POP广告运用了多种不同色调的绿色，在边框处塑造了花团锦簇的意象，让人感受到一种自然的美。

○ 其他欣赏 ○　　　○ 其他欣赏 ○　　　○ 其他欣赏 ○

第 3 章

POP广告设计的材料与类型

学习目标

POP广告与一般的平面广告相比，其最大的不同就在于为了扩大销售可以制作成任何形状，所以使用的材料也不受限。设计师多加了解，更有利于创作。由于形式不同，POP广告的位置也区别颇大，当然这也是POP广告的特色。

赏析要点

金属材料
木质材料
纺织面料
纸质材料
立地式POP广告
橱窗式POP广告
柜台陈列POP广告
白底POP广告

POP广告的材料构成

为了方便POP广告的展示，市面上有采用不同材料制成的支架，能与宣传海报以及元素完美结合，形成风格多样的POP广告。设计师应该了解各种材质的特殊之处，以便使用材料能更好地与设计内容契合。

3.1.1 金属材料

为了能在不同的地方展示，各地出现了由各类金属材质制作的POP广告。金属材质的特殊质感，让这类广告极具艺术感。

○ 思路赏析

该江南古镇的宣传POP广告的金属支架能自由支配广告的摆放位置，且能增强广告效果，得到更多人关注。

○ 配色赏析

该设计图以灰、白两色为主体颜色，意在塑造江南水乡的建筑风格，有简洁、古朴的美，且在实际操作上能方便添加文字、图形。

	CMYK 16,10,9,0	RGB 220,224,227
	CMYK 28,24,22,0	RGB 194,190,189
	CMYK 33,61,38,0	RGB 188,122,132

○ 设计思考

设计图上方是一张江南古镇的摄影作品，十分真实、美丽，下面则是白墙灰瓦，并配以文字介绍。"古镇江南"这4个大字能快速锁定人群。

○ 同类赏析

◀该金属镂空的POP招牌通过特殊的金属材质搭配灯光，塑造了梦幻般的感觉，极具氛围感和故事感，而且不需要复杂的元素。

这个金属支架一般会在店铺门口摆▶放，店家无论是使用还是收回都很方便。广告内容可简单介绍店内的招牌饮品或近期优惠。饮品店就用它来推出新品，用绿色突出原料抹茶。

	CMYK 91,87,87,78	RGB 4,4,4
	CMYK 14,62,97,0	RGB 227,126,8

	CMYK 39,5,56,0	RGB 176,212,138
	CMYK 4,0,16,0	RGB 251,254,227
	CMYK 50,30,100,0	RGB 151,161,4
	CMYK 15,70,83,0	RGB 223,107,50

3.1.2 木质材料

由于木质材料自带的特征，如自然、清新、原生态、亲切等，在与POP海报结合时就能自然而然地为其赋予这些特质，再加上轻巧、便利等特点，木质材料也成为POP广告的常见载体。

○ 思路赏析

为了在新的服装店开业时吸引更多的客户，用木质展板来展示POP设计，简洁干净，能更好地突出主体，而整个设计也是简洁风。

○ 配色赏析

该设计以橙色和棕色作为背景色，与鲜艳的红色形成强烈的对比，目的就是突出中间那一部分。而红色用来庆祝开业大吉是非常合适的，既喜庆又抢眼。

	CMYK		RGB	
	12,99,100,0		227,0,17	
	13,22,52,0		233,206,137	
	81,78,53,17		68,66,90	

○ 设计思考

整个设计的背景图案是一层落叶，且有薄如蝉翼的感觉，可以使消费者产生轻纱般的想象。白色文字简洁明了，可以告诉客户最基本的信息。

○ 同类赏析

◄该日式风味的点心招牌使用木质展架，造型虽然简单，却透露出一股清新的文艺气息，能够表达"美好生活"的概念。

该POP海报用自然的木质材料呈►现自然的松木纹路，画面主题元素在黑色背景中也更显风味。

	CMYK		RGB	
	16,20,55,0		228,206,131	
	4,33,18,0		244,193,192	

	CMYK		RGB	
	83,83,81,69		26,20,20	
	16,90,97,0		220,57,26	
	5,0,24,0		251,252,212	

3.1.3 纺织面料

纺织面料，通俗一点来讲，就是我们所说的布料，但用于POP广告的布料与我们的服饰布料不太一样，其特点是不易毁坏，又能体现设计师的思想，呈现出设计师想要的效果，包括色调、布局、文字。

○ 思路赏析

这种户外的POP广告为了更加顺利地展示，一般会用布料作为载体。一来就算定制面积很大也没问题，二来在户外展示也不容易损坏。

○ 配色赏析

画面以红色、蓝色两种色调的对比来体现生命的活力，带给观众强烈的视觉感受。白色的主题文字与蓝色背景搭配，暗示了蓝天白云的意象。

	CMYK 77,38,3,0	RGB 47,140,210
	CMYK 32,93,57,0	RGB 192,48,83
	CMYK 11,49,64,0	RGB 233,154,95

○ 设计思考

主题"趁青春，不言弃"是对青春的歌颂。设计师用野外登山的图景，表现了年轻人的冒险精神、爱拼精神，直观、易懂。

○ 同类赏析

◀ 左图为商场的折价宣传广告，用纺织材料做广告载体，悬挂在店内，像旗帜一样引人注意，又具备装饰性，简单的数字就能达到宣传目的。

该商场的宣传标语有些与众不同，用名人名言传递打折、新品特价的信息，显得格外典雅、上档次，能从某些方面体现商场的格调，且白底黑字非常大气、简洁。

	CMYK 27,89,98,0	RGB 201,60,32
	CMYK 47,95,100,20	RGB 140,38,23

	CMYK 24,23,24,0	RGB 204,195,188
	CMYK 36,36,42,0	RGB 180,163,145

3.1.4 纸质材料

纸质材料是最常见的POP广告材料，这种材料最大的好处是易复制、易传播，也方便悬挂，而且不拘泥于任何位置。常见的纸质POP广告可以粘贴在店铺门口，可以悬挂在商场内，甚至可以放在商品旁，能给商家提供更多选择。

○ 思路赏析

该POP广告以纸质海报的方式悬挂在店内，传递关键的价格信息，没有用实物拍摄的方式来展示饮料，而采用卡通的模式，表达了设计师的创意。

○ 配色赏析

整个设计以红色为主体元素，勾勒出边框以及基本的文字信息，再采用一点蓝色元素来点缀，色彩间的碰撞为画面带来了趣味性。

	CMYK 18,100,84,0	RGB 217,5,45
	CMYK 87,56,7,0	RGB 12,108,182
	CMYK 0,0,0,0	RGB 255,255,255

○ 设计思考

这是一则夏季饮品的宣传广告，广告标语为"有了我这个夏日并不炎热"，并明确标出价格为"10元/份"，用几个简单的元素就获得了宣传效果。

○ 同类赏析

◀左图为纸质的宣传卡片，一般可放置在产品旁边，或是贴在货架上，既小巧又亮眼，直接给出关键的信息，无须多余的设计，也能达到目的。

右图是张贴在药店门口的POP广告，推销的商品是"酵母B片"。该广告以大比例字体突出商品，下面展示价格信息，整个设计以手绘文字为主体，呈现出简单直接的设计风格。

	CMYK 11,0,75,0	RGB 251,253,64
	CMYK 0,89,68,0	RGB 252,55,64

	CMYK 88,90,2,0	RGB 63,51,153
	CMYK 4,74,76,0	RGB 242,101,58
	CMYK 0,91,51,0	RGB 251,41,86

3.2 陈列位置不同的POP广告

陈列位置不同对POP广告的设计内容和方式会产生很大的影响，在材料选择、造型、展示等方面也有很大的区别。根据位置可把POP广告分为立地式POP广告、橱窗式POP广告、柜台陈列POP广告等几种类型。

3.2.1 立地式POP广告

　　立地式POP广告是置于商场地面上的广告体，包括商场外的空间地面、商场门口、通往商场的主要通道等。由于是放于地上，因地面上的行人流动量大，能有效地传递广告的信息。

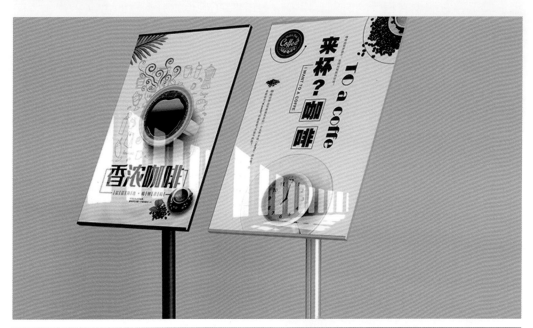

| | CMYK | 12,9,9,0 | RGB | 229,229,229 | | CMYK | 82,82,88,71 | RGB | 27,20,14 |
| | CMYK | 6,17,27,0 | RGB | 245,222,191 | | CMYK | 83,56,100,27 | RGB | 46,85,20 |

○ **思路赏析**

这是一间咖啡厅门口的立地式POP广告。为了推销和展示香浓咖啡，店家使用了两张不同的广告设计海报，并排在一起，获得了"1+1>2"的广告效果。

○ **配色赏析**

两张海报都以白色为背景，更完美地衬托出咖啡的色泽。一杯是浅棕色，另一杯是深棕色，咖啡的不同口味根据颜色就可以区分。

○ **设计思考**

设计师还是以咖啡为主要元素进行展示，并加入了咖啡豆这样的辅助元素，希望店外的客人看到海报就好像闻到了咖啡的味道。

	CMYK	4,35,42,0	RGB	246,188,148
	CMYK	83,83,83,73	RGB	14,14,14
	CMYK	62,82,100,51	RGB	77,39,18

	CMYK	47,19,33,0	RGB	151,184,175
	CMYK	64,23,36,0	RGB	101,166,168
	CMYK	57,48,38,0	RGB	128,130,142

◯ 同类赏析 ▲

这是某家具城入口的POP宣传广告，采用立地式，淡黄的榉木带来了整体质感，整体色调为黑棕色，凸显低调、奢华。

◯ 同类赏析 ▲

造型简单的支架让POP广告设计更加突出，尤其是在大商场中，黑体字与宣传图片的结合，非常有设计感，也更加现代、时尚。

◯ 其他欣赏 ◯　　　　◯ 其他欣赏 ◯　　　　◯ 其他欣赏 ◯

3.2.2 橱窗式POP广告

橱窗式POP广告是在商店橱窗里宣传产品的广告，各大商店均会在橱窗陈列商品，发挥广告作用。橱窗广告应通过道具、色彩、灯光、文字、图片等设计元素，将商品的美感尽量地显示出来。

	CMYK 91,85,86,77	RGB 4,8,7		CMYK 55,14,34,0	RGB 126,187,180
	CMYK 17,83,96,0	RGB 219,77,27		CMYK 1,69,39,0	RGB 250,116,123

○ **思路赏析**

这是爱马仕于2017年冬，在迪拜设计的橱窗式POP广告，主题是"森林居民"，风格是萌趣多彩系，能够让消费者一眼看到爱马仕的特色。

○ **配色赏析**

为了突出主题，整个橱窗以绿色为主题色，黑色的背景象征着森林的黑夜，在一片寂静之中，各种各样的植物在散发着生命力，鲜艳的色彩在黑暗之中更增添了几份神秘。

○ **设计思考**

这是设计师为购物中心的店铺创作的多彩纸艺术橱窗，作品构建了很多森林居民的意象，每一个意象都像真实存在，具有生命力，将纸张加以处理，便呈现出各式风格，十分有趣。

	CMYK	88,73,98,66	RGB	13,32,12
	CMYK	75,38,100,1	RGB	78,133,50
	CMYK	37,6,64,0	RGB	183,212,119

	CMYK	52,21,0,0	RGB	132,182,233
	CMYK	23,14,77,0	RGB	217,210,80
	CMYK	31,54,41,0	RGB	191,136,133

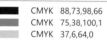 ○ 同类赏析 ▲

这是古驰2017年春夏季的橱窗展示，灵感来自能反射光线的镜片。这种反射光线可以突出产品的细节，绿色的光线交相辉映，十分典雅。

○ 同类赏析 ▲

该伦敦时装周的橱窗造型，用漫画式的背景来衬托模特身上的服饰，风格非常前卫、现代，就像塑造了另一个世界，能够吸引目标客户。

○ 其他欣赏 ○　　○ 其他欣赏 ○　　○ 其他欣赏 ○

3.2.3 柜台陈列POP广告

　　柜台陈列POP广告是一种灵活的小型化的POP广告形式，以立体造型为主，价格表现为辅，能够应用于商品促销的各个方面。由于广告体与所展示商品的关系不同，展示架可放在柜台上或商品旁，但使用时要注意柜台的整体和谐。

	CMYK 23,1,6,0	RGB 207,236,244		CMYK 38,60,40,0	RGB 176,120,129
	CMYK 61,11,12,0	RGB 96,190,224		CMYK 5,8,50,0	RGB 253,237,149

○ **思路赏析**

这是某小食店的柜台陈列POP广告，主要为了向客户介绍本店特色，并将回馈客户的信息传递出去，所以风格以简约为主。

○ **配色赏析**

该作品整体色调为蓝白两色，白底黑字的组合使画面更清晰。而为了使设计不显单调，用淡雅的蓝色，还有淡黄色、粉色等点缀画面，增添了画面的趣味性。

○ **设计思考**

为了让客户对店铺有一种直观的了解，设计师运用了甜甜圈、咖啡、饼干，甚至刀叉等设计元素构建出柜台陈列POP的版面。

	CMYK 31,12,69,0	RGB 197,208,103
	CMYK 58,23,94,0	RGB 128,166,53
	CMYK 7,5,6,0	RGB 241,241,239

	CMYK 7,7,25,0	RGB 244,238,204
	CMYK 37,12,12,0	RGB 174,207,222
	CMYK 36,0,92,0	RGB 189,225,4

○ 同类赏析 ▲

该白框展示架一体成型、简约大气，与饮品店的桌面非常相配，与广告设计的背景颜色也很协调，与推荐的饮品互相对应，使人有清凉之感。

○ 同类赏析 ▲

该餐饮店桌面摆放的招牌推荐POP广告，用小巧的字体介绍招牌菜名和价格，大面积的版面为菜品图片，颜色调和得非常饱满，可以瞬间激发食客的食欲。

○ 其他欣赏 ○　**○ 其他欣赏 ○**　**○ 其他欣赏 ○**

 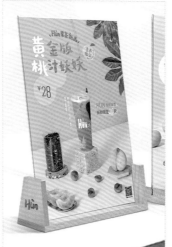 

3.3 呈现形式不同的POP广告

POP广告的呈现形式是指其设计的一些基本类型，如重视颜色、重视图案、重视空间性等，其最终呈现给消费者的效果应该具备明显特色，同时又能与宣传主题互相呼应，这也是设计师选择这种呈现方式的目的。

3.3.1 白底POP广告

　　白底POP广告，顾名思义，就是设计背景为白色的POP广告。这类广告的呈现方式以清新简约为主，主要突出画面中的文字和图形元素，并对使用的各种颜色进行调和，让画面显得更加统一和谐。

	CMYK 3,3,3,0	RGB 248,248,248		CMYK 5,56,82,0	RGB 243,142,50
	CMYK 73,20,100,0	RGB 69,160,54		CMYK 20,81,90,0	RGB 213,82,38

○ 思路赏析

该日本料理店的宣传POP广告，主题是"寿司"，设计师将重点放在展现食材的美味上，这样自然而然能吸引客户关注。

○ 配色赏析

以白色背景来衬托文字与图案，使食材颜色更加光鲜。橙色的三文鱼、绿色的青瓜，两种都是非常容易激发客户食欲的颜色。

○ 设计思考

真实摄影图片和水彩绘画相结合构成整幅画面，虚实结合在一个画面中呈现了两种情景。

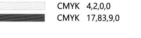

| | CMYK 4,2,0,0 | RGB 248,249,253 |
| | CMYK 17,83,9,0 | RGB 221,73,149 |

	CMYK 0,0,0,0	RGB 255,255,255
	CMYK 8,95,90,0	RGB 235,28,34
	CMYK 56,75,95,30	RGB 109,65,36

○ 同类赏析 ▲

该白色情人节的促销POP广告，以白色来衬托粉红色的爱心，增加了与冬季和爱情有关的设计元素：雪花、爱心和成双成对的猫头鹰，非常有感染力。

○ 同类赏析 ▲

国庆节的促销POP广告依旧是红色、白色相配最为经典，红色的五角星是国庆的标志，搭配其他一些漫画元素，为国庆节增添了浓郁的节日气氛。

○ **其他欣赏** ○　　　　○ **其他欣赏** ○　　　　○ **其他欣赏** ○

3.3.2 彩底POP广告

所谓彩底POP广告，是指背景颜色为彩色的广告设计作品，可以是红、橙、黄、绿、青、蓝、紫，或是其他调和的颜色，只要不是黑、白、灰3种颜色，都算彩底POP广告。设计师利用颜色为设计定下基调，也可给消费者一种基础印象。

	CMYK 11,6,87,0	RGB 247,234,0		CMYK 9,89,99,0	RGB 232,57,14
	CMYK 6,53,94,0	RGB 242,148,0		CMYK 78,14,96,0	RGB 13,163,66

○ **思路赏析**

为了增强这款橙汁广告的宣传效果，商家与游戏厂商结合起来，以活动的形式号召消费者加入到游戏中，能轻松得到很多关注。

○ **配色赏析**

由于是橙汁饮料，所以主题色为橙色。设计师调和该色系不同的橙色，呈现出有变化的画面，极具生命力。

○ **设计思考**

为了宣传"游戏达人争霸赛"，设计师将合作游戏人物放在画面最前端，并一一排列，让消费者能眼看到丰富的内容。

	CMYK 78,26,30,0	RGB 0,154,178
	CMYK 100,90,41,3	RGB 0,54,114
	CMYK 12,71,93,0	RGB 228,107,26

	CMYK 81,32,46,0	RGB 0,141,145
	CMYK 0,73,29,0	RGB 254,104,133
	CMYK 4,12,60,0	RGB 255,229,119

○ 同类赏析 ▲

该美术培训班招生POP广告，以各种颜色作为
设计的主要元素，以蓝色为底色，搭配深蓝色与
橙色，整个画面既有艺术性又很协调。

○ 同类赏析 ▲

为了吸引消费者的注意力，该促销POP广告以
红色、黄色、蓝色相间的背景色来衬托主要信
息，再用"低价风暴"4个字赢得客户的关注。

○ 其他欣赏 ○　　　○ 其他欣赏 ○　　　○ 其他欣赏 ○

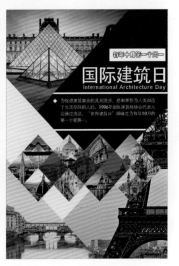

3.3.3 立体POP广告

立体POP广告与传统的POP广告不一样，其非常注重营造画面的空间感，力图通过立体效果带来一定的视觉冲击力，比起平面的表达，这样能给消费者留下深刻的印象。当然，展现立体的形式不同，有字体，也有图案。

	CMYK 49,93,32,0	RGB 159,45,115		CMYK 55,2,22,0	RGB 119,206,213
	CMYK 13,42,17,0	RGB 228,170,184		CMYK 41,21,68,0	RGB 172,185,106

○ **思路赏析**

某名为"天使艺术俱乐部"的宣传POP广告，以各种颜色为主要的设计元素，加上立体的文字效果，既简洁又令人印象深刻。

○ **配色赏析**

为了体现艺术性，设计师在颜色上花费了很多心思，画面中各种多彩的颜色互相融合，让人真切地感受到色彩世界的美。

○ **设计思考**

将"天使"两字用英文来表达，并在正中间凸显，除了多彩的背景，没有别的元素来分散注意力，可使名字深入人心。

WE WANT YOU!

我知道你绝不简单

缺的就是你 等待你到来

HIGH SALARY AND SUCCESS

高薪诚聘·成就自己

| 品牌策划 | 市场调研 | 业务经理 | 技术总监 |

	CMYK 8,8,9,0	RGB 239,235,232
	CMYK 0,97,96,0	RGB 251,0,3
	CMYK 89,62,0,0	RGB 0,96,191

○ 同类赏析 ▲

该则招聘POP广告用一个直白又生活化的手势来表达招聘人才的主题，绘画风格较为立体，给人的冲击性更强。

帅

SHIRT

衬衫节

50% OFF

凡购买杰尼轩诗任意产品
即可享受任意款长袖衬衫5折

	CMYK 28,1,1,0	RGB 194,232,253
	CMYK 48,12,0,0	RGB 138,199,244
	CMYK 97,80,28,0	RGB 6,70,132

○ 同类赏析 ▲

这款衬衫促销POP广告，以"打五折"为主题，用黑体大字突出该信息，另外用立体的衬衫衣领表达了主体意象。

○ 其他欣赏 ○　　○ 其他欣赏 ○　　○ 其他欣赏 ○

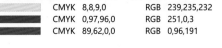

3.4　设计周期不同的POP广告

　　在第一章我们已经介绍过有关POP广告的周期属性，知道POP广告可分为长期POP广告、中期POP广告和短期POP广告。不同的周期会导致POP广告宣传的目的不一致，所以宣传的重点也有区别。

3.4.1 长期POP广告

长期POP广告一般由商场经营者来设置，因为这类POP广告不存在时间因素上的限制，其可在较长时间内对内容进行宣传，所以其设计必须考虑得极其周到，而且所花费的成本都比较高。

	CMYK 88,49,90,13	RGB 12,104,65		CMYK 14,64,99,0	RGB 226,120,0
	CMYK 50,11,3,0	RGB 134,199,239		CMYK 12,89,74,0	RGB 228,58,59

○ **思路赏析**

立邦品牌一直以开发绿色产品为发展方向，所以为该品牌设计POP宣传广告也不能忽略品牌固有的形象。

○ **配色赏析**

为了体现产品的绿色、清新，画面将蓝色和绿色互相搭配，勾勒出一幅大自然的景色，暗喻使用该产品就像在户外一样，可以呼吸到清新自然的空气。

○ **设计思考**

用产品的使用工具刷出一个时间表盘，象征一天的24小时，体现产品的性能——可以随时随地保障屋内的空气质量。

	CMYK 75,11,42,0	RGB 0,175,168
	CMYK 36,3,21,0	RGB 177,220,213
	CMYK 21,97,19,0	RGB 214,0,124

	CMYK 76,25,100,0	RGB 58,151,19
	CMYK 5,2,0,0	RGB 246,249,254

◎ 同类赏析 ▲

该杂志POP广告最主要的设计元素就是射线，通过红色、蓝色相间的放射线条塑造了前卫、现代的意境，非常符合城市生活的情调。

◎ 同类赏析 ▲

该茶叶直销POP广告，将主题设为茶文化，着力渲染茶叶的清香、茶园的景色、饮茶的淡泊之意，是对茶叶最好、最自然的宣传。

◎ 其他欣赏 ◎　　**◎ 其他欣赏 ◎**　　**◎ 其他欣赏 ◎**

3.4.2 中期POP广告

中期POP广告的设计与投资，可以在长期POP广告的基础上做适当的调整。但是需要特别注意的是，在广告设计中如果能凸显具体的时间期限，则可以给消费者制造一些紧迫感。

	CMYK 70,3,17,0	RGB 5,192,223		CMYK 10,13,86,0	RGB 248,223,32
	CMYK 67,8,100,0	RGB 91,180,0		CMYK 12,97,97,0	RGB 228,22,24

○ **思路赏析**

某商场在初夏之季，想要借着新品上市的时机进行促销，提高销售额，所以需要在商场内设置渲染活动氛围的POP广告，而整体的设计风格应以"热闹"为主。

○ **配色赏析**

为了适应商场的环境，设计师用黄色、绿色、红色、蓝色等多种颜色互相搭配，不仅体现出初夏活力，也体现出促销活动的热闹。

○ **设计思考**

设计师巧用气球、礼物等元素，以引起消费者的注意和共鸣，烘托商场气氛。4个立体的艺术字，能有效地吸引大家的目光。

	CMYK 81,52,95,17	RGB 56,99,54
	CMYK 10,6,12,0	RGB 236,237,229
	CMYK 90,86,84,75	RGB 9,9,11

	CMYK 76,32,95,0	RGB 67,141,64
	CMYK 6,11,77,0	RGB 255,229,70
	CMYK 0,65,43,0	RGB 254,125,119

◎ 同类赏析 ▲

设计师用"春茶"两个大比例黑体字，直接告诉消费者：春茶上新了，一定要把握最佳时节购买饮用。该广告作品以茶园为背景渲染意境。

◎ 同类赏析 ▲

该商场春季上新POP广告以绿色为主题色，暗示春暖花开、生机勃勃的季节，再添加简单的文字信息，画面美观的同时又传递了3种促销方式。

◎ 其他欣赏 ◎　　　**◎ 其他欣赏 ◎**　　　**◎ 其他欣赏 ◎**

3.4.3 短期POP广告

短期POP广告的作用都是随着商店某类商品的存在而发挥的,特别是有些商品,由于进货数量不多以及销售火爆,可能在一周甚至一天或几小时就售完,所以其POP广告的周期也可能极其短暂。而且该类广告的投资一般都比较低。

○ 思路赏析

该奶茶促销POP广告,由于受时间限制,往往设计较为简单,但为了吸引目标消费者,必要的图片和文字元素都不能舍弃。

○ 配色赏析

为了配合店名"清心坊",画面选用浅蓝色作为背景色,与青色及黄色的文字搭配,设计风格可爱、清爽。

	CMYK 63,5,14,0	RGB 81,196,227
	CMYK 21,6,66,0	RGB 221,226,110
	CMYK 6,21,56,0	RGB 249,213,127

○ 设计思考

用直白的文字信息告诉消费者"今天9折,过期不候"。给出了关键信息,广告就成功了一半。再搭配美味的饮品图片,让消费者觉得物有所值。

○ 同类赏析

◀左图主题为愚人节,为了营造欢乐、热闹的氛围,用了很多气球元素,加上暖色系的色彩搭配,在简单的背景上效果更佳。

为了增加营销噱头,在国际牛奶日▶这一天提高牛奶销量,商家用浅蓝色作背景,衬托牛奶的香醇。蓝色与白色搭配更显自然、无添加。点明国际牛奶日,就能自然地促销。

	CMYK 6,7,9,0	RGB 244,239,233
	CMYK 7,96,100,0	RGB 236,21,1
	CMYK 0,49,75,0	RGB 254,161,66
	CMYK 12,88,72,0	RGB 227,63,62

	CMYK 47,11,0,0	RGB 139,203,251
	CMYK 1,0,0,0	RGB 252,253,255
	CMYK 7,2,84,0	RGB 255,242,24

第 4 章

POP广告版式设计与字体设计

学习目标

POP广告设计的整体性与画面中的不同元素有密切关系，包括构成画面的点、线、面和版式设计的各种方式以及文字符号的设计。这些都决定了我们能设计一幅怎样的POP作品。在此过程中我们又应该掌握何种技巧呢？本章就一起来了解吧。

赏析要点

POP广告中的"点"
POP广告中的"线"
POP广告中的"面"
版面的趣味性与创意
画面的整体性
突出主题
标题字体设计
数字设计

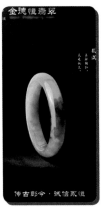

4.1　POP广告中的平面构成要素

　　对于任何类型的平面广告来说，设计师都不可避免地需要掌握基本的构成要素，即点、线、面。一般来说，单个点元素没有什么视觉影响力，必须与其他元素搭配，这样才能设计出富有韵律感的画面；而线可以表达移动轨迹，让画面充满律动感；面则具有一定的面积，对画面的影响也更大。

4.1.1 POP广告中的"点"

　　要在POP广告中显示一种韵律美和凌乱美，需要运用"点"元素，当一排点组合在一起就凑成了一排线，当一定数量的点结合在一起就能构成一个意向，无论如何，设计师都能借此表达自己的想法。

	CMYK 5,3,7,0	RGB 246,247,241		CMYK 39,0,67,0	RGB 176,224,115
	CMYK 11,0,85,0	RGB 250,245,1		CMYK 94,93,35,2	RGB 48,52,113

○ 思路赏析

某品牌婴儿纸尿裤的POP广告，以可爱的宝宝作为广告主体，然后以卡通化的文字凸显亲和力，以吸引宝宝的爸爸妈妈。

○ 配色赏析

绿色元素在画面中所占比例较大，所以整体上给人的感觉较为清新，告诉消费者纸尿裤的一大属性就是天然、无刺激。

○ 设计思考

画面中有非常多的果子，散落在宝宝身旁，对于氛围的营造起了很大的作用。加上太阳公公的卡通元素，可以联想到"干燥、干爽"这层含义。

	CMYK 98,97,74,68	RGB 0,0,26
	CMYK 5,15,30,0	RGB 247,225,188
	CMYK 85,91,22,0	RGB 72,54,130
	CMYK 13,50,84,0	RGB 229,151,51

	CMYK 78,64,9,0	RGB 76,98,171
	CMYK 9,55,89,0	RGB 237,142,32

 同类赏析 ▲

该万圣节的促销宣传POP广告，设计师用万圣节的骷髅元素来营造氛围，用形似羽毛的意象围绕点缀右侧的黑色背景，使画面更丰富、更有生机。

○ **同类赏析** ▲

该招聘POP广告以齿轮为基础元素，构成了灯泡的意象，象征着人才就是一个个齿轮，能共同发力"点亮"公司。

○ **其他欣赏** ○   ○ **其他欣赏** ○   ○ **其他欣赏** ○

4.1.2 POP广告中的"线"

通常，我们可将线分为曲线和直线两种，这两种形状不同的线能够表达两种不同的情感。曲直浓淡多变的线具有非常强的艺术表现力，能根据设计师的需要赋予画面相应的方向感以及律动感。

	CMYK 89,86,85,76	RGB 10,8,9		CMYK 5,14,36,0	RGB 249,226,176
	CMYK 28,42,62,0	RGB 198,158,106		CMYK 53,55,68,3	RGB 139,118,89

○ **思路赏析**

该"滨江大宅"POP广告将线条元素运用得非常到位，既有曲线形态，又有直线形态，分别表达了不同的意象和情感。

○ **配色赏析**

画面用黑色和金色搭配，尊贵、奢华之感扑面而来，没有杂乱的颜色干扰，更匹配该套房产的价值与档次。

○ **设计思考**

由于房产临江，所以设计师用黑色的曲线纹理来契合主题，并用世界著名建筑的剪影营造氛围，而并排排列的视觉效果更具冲击力。

	CMYK	5,1,29,0		RGB	252,250,201
	CMYK	41,45,65,0		RGB	171,144,99

	CMYK	29,98,94,0		RGB	197,32,38
	CMYK	42,84,96,8		RGB	162,68,40

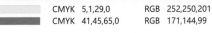

○ 同类赏析 ▲

该豪宅地产POP广告图充分运用了"线"元素，金色曲线层层叠加，赋予了画面律动美。而跳动的金色光泽让豪宅有了尊贵和富丽的感觉。

○ 同类赏析 ▲

为了体现窖藏美酒的特色，该POP广告作品设计师把重点放在了"窖藏"两字上，展示了窖藏的状态。一罐罐美酒呈弧线储藏，好似酒香扑鼻而来。

○ 其他欣赏 ○   ○ 其他欣赏 ○   ○ 其他欣赏 ○

4.1.3 POP广告中的"面"

虽然"面"在大小、形状、色彩等方面存在差异，但都能够呈现一定的形象。常见的"面"的种类可以分为几何形、有机形、偶然形态和不规则形态。面与点、线有着非常微妙的关系，既可互相搭配，又能组合。

	CMYK 3,24,11,0	RGB 248,212,214		CMYK 20,2,11,0	RGB 214,236,234
	CMYK 11,66,51,0	RGB 230,118,106		CMYK 74,67,64,23	RGB 76,76,76

○ 思路赏析

该商店为了促销，特意设计了POP广告进行宣传，整个设计作品简单直接，以文字信息为主，图形和色彩元素为辅。

○ 配色赏析

为了让色彩搭配更加和谐，选用的粉色与蓝色都是浅色，并不鲜艳，所以并不会使人眼花缭乱，反而有一种淡雅与清爽之感。

○ 设计思考

为了重点突出文字信息，设计师并未添加图案，而是选用色块，如爱心、三角形这样简单的图形结构来吸引消费者的注意力，也为整个画面赋予一些丰富的元素。

	CMYK 73,26,16,0	RGB 56,159,202
	CMYK 17,94,51,0	RGB 220,36,88
	CMYK 10,24,86,0	RGB 244,203,37
	CMYK 45,13,11,0	RGB 152,198,222

	CMYK 8,0,4,0	RGB 240,255,252
	CMYK 78,13,89,0	RGB 8,165,78
	CMYK 35,4,87,0	RGB 192,217,53
	CMYK 0,52,89,0	RGB 255,153,19

○ 同类赏析 ▲

该POP广告作品为了展现促销活动的力度，设计师用爆炸性的效果来吸引消费者，只在正中间留下了一个空白界面，用以清晰展示文字信息和广告语。

○ 同类赏析 ▲

该下午茶推广POP广告，用一个小窗口来展现一杯绿茶，就像创造了一个独特的空间，将其他元素分隔开来，给了消费者两种视觉体验。

○ 其他欣赏 ○   ○ 其他欣赏 ○   ○ 其他欣赏 ○

4.2 POP广告版式设计原则

POP广告的版式设计就是对运用在设计中的各种元素进行规划，包括文字、图案、符号，有时候换一种版式能让这些元素更好地呈现。那么，在进行POP广告版式设计时需要遵守哪些原则呢？

4.2.1 版面的趣味性与创意

　　我们都知道框架是设计的骨骼，版面的划分和规划有时会决定设计的走向。我们常见的版面形式有各种对称形式，也有不规则形式，若是设计师希望广告富有创意，从结构入手可一劳永逸。

| | CMYK 1,56,29,0 | RGB 249,146,150 | | CMYK 47,0,36,0 | RGB 141,227,192 |
| | CMYK 5,17,77,0 | RGB 255,219,69 | | CMYK 0,25,11,0 | RGB 253,211,212 |

○ **思路赏析**

该商场的夏季促销POP广告以夏日为主题，将画面分为好几个层次来契合主题，设计师通过对版面的创意设计完成了文字信息和图案的表达。

○ **配色赏析**

为了让消费者体会到夏日的生机与美丽，设计师选择的颜色较为丰富，以蓝色为背景，有清新之美，添加粉红色与黄色，鲜艳饱满，与背景颜色融合得非常好。

○ **设计思考**

整个设计主题是"你好，夏天"，画面最上层是白底黑字呈现的文字信息，下面一层为绽放的花朵，非常具有美感，也有层次。

	CMYK	95,87,48,15	RGB	32,54,93
	CMYK	54,50,85,3	RGB	138,126,66
	CMYK	17,31,48,0	RGB	222,186,138
	CMYK	44,97,56,2	RGB	166,39,84

	CMYK	52,0,27,0	RGB	127,209,205
	CMYK	1,58,0,0	RGB	250,144,192
	CMYK	3,91,31,0	RGB	245,44,114
	CMYK	6,17,85,0	RGB	253,218,32

◯ 同类赏析 ▲

该化妆品促销POP广告，为了同时展现多种化妆品和其背景相关元素，将版面一分为二，用镜面设计将所有元素进行展现，可谓创意十足。

◯ 同类赏析 ▲

上新促销POP广告一般要设计得比较热闹，为了清楚传递信息，设计师应将文字版块和图形版块分隔开来，白底彩字，然后在周围绘制小的图形元素装点。

◯ 其他欣赏 ◯　　◯ 其他欣赏 ◯　　◯ 其他欣赏 ◯

4.2.2　画面的整体性

　　一幅设计作品最重要的就是整体性和统一性，这点从格式安排上就能进行铺垫。就像火车轨迹一样，提前画好轨迹，各类元素只需按照相关轨迹"运行"即可。而所谓轨迹就是各个元素的相关性体现。

| | CMYK 99,91,55,28 | RGB 17,43,76 | | CMYK 35,12,3,0 | RGB 178,209,237 |
| | CMYK 94,90,58,38 | RGB 27,39,65 | | CMYK 34,28,7,0 | RGB 181,182,212 |

○ 思路赏析

该4S店又上了新款车型，因而设计了极具创意的POP推广广告，设计师用不一样的视角展示了新款车的各种性能。

○ 配色赏析

整个画面的色调都非常暗，可以满足设计师设计一个太空环境，而点缀在黑夜的蓝色，既让人觉得梦幻，又体现了科技感。

○ 设计思考

画面传递给消费者的信息就是该款车可以从地球奔往月球，并具备强大的载重能力。整个画面以新车为重点，无论人物还是其他元素都围绕在其周围。巨大的地球作为背景，十分和谐。

	CMYK 10,13,57,0	RGB 242,223,131
	CMYK 10,96,100,0	RGB 231,22,15
	CMYK 34,23,96,0	RGB 192,186,14
	CMYK 50,100,100,30	RGB 123,19,20

	CMYK 8,47,33,0	RGB 237,163,154
	CMYK 68,35,21,0	RGB 92,148,183
	CMYK 25,54,73,0	RGB 206,138,77
	CMYK 32,67,99,0	RGB 191,108,28

◯ 同类赏析 ▲

该小吃店为了推出鸡肉卷,打算用图片广告吸引消费者,POP广告下方用5张并排的小图展示各种状态下的鸡肉卷,为消费者提供了更多信息。

◯ 同类赏析 ▲

将旅游宣传做成报纸版面的形式,主题栏目、图片栏目、介绍栏目共同形成和谐的整体,设计上带给人创新和惊喜。

◯ 其他欣赏 ◯　　　**◯ 其他欣赏 ◯**　　　**◯ 其他欣赏 ◯**

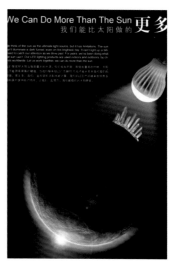

4.2.3 突出主题

　　POP广告宣传有强烈的目的性和主题内容，在设计版式时，设计师可以任意选择各种方式来突出主题。无论文字还是图案，或是文字与图案的结合，从占据画面的面积、颜色、位置及呈现方式入手，都能够让消费者一眼就注意到。

	CMYK	79,85,89,72	RGB	30,15,12		CMYK	7,64,89,0	RGB	239,124,33
	CMYK	45,100,100,15	RGB	151,26,30		CMYK	26,29,57,0	RGB	205,183,123

○ **思路赏析**

该力加啤酒POP广告用比较简单的画风来呈现产品，直接有效，且适合品牌定位——平价、亲民，无须多余的元素来画蛇添足。

○ **配色赏析**

整体色调比较昏暗，以品牌的标志颜色——红色进行晕染，呈现了一种暗红的光泽，有一种"醉梦"的意境。

○ **设计思考**

要说啤酒和什么最搭配，自然是夜景，所以设计师以夜景为背景，用模糊的手法衬托产品，以及经典的广告语。

	CMYK 7,70,96,0	RGB 237,110,5
	CMYK 69,4,100,0	RGB 76,183,15
	CMYK 52,0,16,0	RGB 78,249,255
	CMYK 89,74,91,65	RGB 12,32,20

	CMYK 71,24,7,0	RGB 56,165,221
	CMYK 24,2,1,0	RGB 204,235,253
	CMYK 27,13,83,0	RGB 209,209,63

 同类赏析

围绕需要推广的橙汁产品，该广告作品设计了蓝天、白云、草地这样自然的背景，没有冲击力，非常温和，可以很好地衬托产品。

同类赏析

该广告作品用双手拱月的形式来展现海洋风光极具创意，海底世界透过一双手被呈现，双手交汇处可以看到美丽的海洋生物，这也是海洋世界的动人之处。

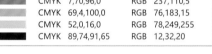

4.3 POP广告字体设计

　　字体设计是POP广告设计中较为重要的一部分，对整个设计有非常大的影响，所以设计师要根据整体的设计风格，考虑字体样式，画面尽量保持统一。若是画面淡雅，最好用楷体一类的字体契合画面；若是风格前卫，可用艺术字搭配。

4.3.1 标题字体设计

对于POP广告来说，可能整个设计作品会有很多文字信息，但最关键的文字信息便是整个POP广告的标题文字。很多时候，为了突出最关键的信息，设计师会区别设计标题文字。下面让我们来看一些具体的例子。

	CMYK 76,12,99,0	RGB 41,167,57		CMYK 45,7,97,0	RGB 164,202,19
	CMYK 60,6,98,0	RGB 116,189,45		CMYK 0,0,3,0	RGB 254,255,250

○ 思路赏析

该绿茶产品宣传POP广告，非常看重整体性。那么，如何体现"绿茶"这个主题呢？设计师将着墨点放在了颜色上。

○ 配色赏析

整体色调为绿色，给人一片清新之意，为了不显生硬，设计师运用了多种不一样的绿，包括深绿、草绿、嫩绿，创造了绿的世界。

○ 设计思考

在这样鲜活的背景颜色上，如何既凸显广告语，而又不打破这份绿的宁静呢？设计师将主题语设计成白色，在左边竖向排列，看起来十分清爽得宜。

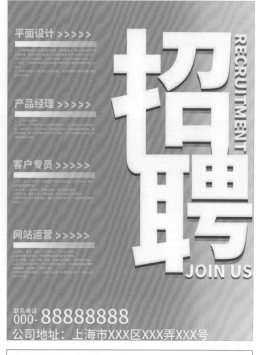

	CMYK 50,71,81,11	RGB 142,88,60
	CMYK 14,48,87,0	RGB 229,153,43
	CMYK 0,0,0,0	RGB 255,255,255
	CMYK 17,90,27,0	RGB 221,52,121

	CMYK 74,15,46,0	RGB 41,169,156
	CMYK 33,5,76,0	RGB 194,216,89

○ 同类赏析 ▲

为了让消费者清楚推荐的甜品是什么，该POP广告作品不仅用图片来展现甜品的美味，还将"提拉米苏"4个字放大呈现在正中间，颜色与字形都有特殊设计。

○ 同类赏析 ▲

为了让大众对该POP广告的主要内容一目了然，设计师将标题字体放大，几乎占据了一半的空间，且纵向排列，在阅读习惯上制造差异以增强吸引力。

○ 其他欣赏 ○　　　○ 其他欣赏 ○　　　○ 其他欣赏 ○

4.3.2 数字设计

很多促销POP广告，为了宣传会把打折力度作为其中一个点，因此比起图案和文字，数字能够简单直接地吸引和影响到消费者的行为。为了让数字脱颖而出，更加亮眼，设计师需要对数字进行特别设计，要么加大加粗，要么更换样式，要么另选颜色。总之，能抓住消费者的眼球就行。

	CMYK 91,88,88,79	RGB 5,1,0		CMYK 7,17,79,0	RGB 251,218,63
	CMYK 11,3,84,0	RGB 246,237,34		CMYK 80,96,48,16	RGB 78,40,87

○ **思路赏析**

又到了秋季促销的时候了，为了吸引消费者，设计师用最实在的方式即打折力度来设计该促销POP广告，并着重对数字的设计。

○ **配色赏析**

整个画面主要运用了两种颜色——黄色和黑色，互相映衬，对比非常强烈，所以能够凸显相应的内容。

○ **设计思考**

在POP广告的画面正中，设计了一个大比例数字"8"，采用螺旋纹的样式，显得特别突出，周围的文字信息在其映衬下，都显得不起眼，这也有效地过滤掉了一些不重要的常规消息。

	CMYK	53,9,15,0	RGB	127,198,220
	CMYK	57,1,26,0	RGB	110,204,206
	CMYK	3,40,7,0	RGB	246,181,203
	CMYK	3,31,67,0	RGB	253,195,95

	CMYK	29,0,11,0	RGB	192,231,236
	CMYK	0,87,41,0	RGB	255,60,103
	CMYK	80,74,57,22	RGB	65,68,63
	CMYK	74,20,41,0	RGB	47,163,162

◯ 同类赏析 ▲

该初夏促销POP广告整体以清新自然为主，面对女性消费者设计师用手绘鲜花拉近距离，吸引其注意力，用区别于蓝色的粉红色字体来展示表示优惠的数字。

◯ 同类赏析 ▲

该POP广告作品的促销主体为鲜榨西柚汁，为应季水果的上新推荐，用蓝白两色烘托清新的味道，并将单价12元的字体标粗标大，以便吸引消费者。

◯ 其他欣赏 ◯   **◯ 其他欣赏 ◯**   **◯ 其他欣赏 ◯**

4.3.3 英文字母设计

很多促销POP广告都会用中英文对照的方式来呈现文字信息，由于英文与中文的结构和写法完全不同，所以为了凸显彼此的差异，需要重新设计英文字母，使之更富有特色。

	CMYK 61,100,74,49	RGB 82,7,37		CMYK 15,39,92,0	RGB 229,170,16
	CMYK 85,62,0,0	RGB 5,94,250		CMYK 91,65,68,30	RGB 15,71,72

○ 思路赏析

大多数房地产POP广告都会根据房产价格、整体设计风格来制作，这里宣传的房产属于精装洋房，所以画面整体较奢华、璀璨。

○ 配色赏析

画面以紫红色为背景色，配上金色的文字信息，整体光彩夺目。蓝色、黄色、蓝绿色、绿色的搭配塑造了华丽的意象，与整体氛围很搭配。

○ 设计思考

整个画面最吸引人的地方就是左侧的孔雀，与右侧中间的钻石组合在一起，将华丽、高级的氛围渲染到极致，且设计巧妙，将英文"open"的首字母用钻石替代，一举两得。

	CMYK 11,37,92,0	RGB 238,176,5
	CMYK 93,88,89,80	RGB 0,0,0
	CMYK 0,85,95,0	RGB 251,67,1
	CMYK 78,53,100,19	RGB 65,96,28

	CMYK 64,10,12,0	RGB 77,189,226
	CMYK 34,0,8,0	RGB 178,231,245
	CMYK 64,29,100,0	RGB 111,153,7

 同类赏析 ▲

该超市的菠萝推荐POP广告以图片为主，再加上文字描述，如新鲜美味，也用了英文"fresh"，在滴落的墨汁中呈现，有种晕染之美。

○ **同类赏析** ▲

为了促销夏季新品，该POP广告作品用蓝色的水彩晕染整个画面，加上多彩的游鱼、水草等元素，仿佛海底世界一样，对照的英文以不突兀的形式来展现。

○ **其他欣赏** ○　　○ **其他欣赏** ○　　○ **其他欣赏** ○

4.3.4 正文文字设计

在POP广告作品中，除了主题字外，还有其他一些文字信息，以对主题或者具体内容加以补充，这些文字信息也许并不关键，但是却必不可少，因此需要进行一些细节的设计，让大众能够注意到。

	CMYK 70,32,84,0	RGB 90,145,80		CMYK 72,29,55,0	RGB 77,150,130
	CMYK 73,14,46,0	RGB 45,171,157		CMYK 7,36,5,0	RGB 239,187,210

○ 思路赏析

该花间堂和风楼盘POP广告，以颜色勾勒主题意象来展示一种美感，并以此吸引那些对居住环境有要求的客户。

○ 配色赏析

画面整体色调非常柔和，虽然用了多种颜色搭配，却并未有色差带来的冲击感，反而能从中感受到各种颜色的透明感。

○ 设计思考

用流水、松树、小船、山丘这些元素构成了温和、抽象的自然景观，与广告语"花间戏舞，山水美居"相呼应，浓黑粗体更显信赖感，颜色属中性色，能更好地与各色搭配。

	CMYK 4,19,66,0	RGB 254,217,103
	CMYK 8,95,90,0	RGB 234,29,34
	CMYK 72,30,0,0	RGB 53,156,233
	CMYK 76,26,100,0	RGB 60,150,26

 同类赏析 ▲

该世界旅游日的宣传POP广告，将网络流行语作为宣传语展示，设计了一个横幅的样式，将红底白字呈现在下方，既不夺目又能得到关注。

	CMYK 57,14,100,0	RGB 127,179,32
	CMYK 52,22,62,0	RGB 140,173,118
	CMYK 10,0,10,0	RGB 236,249,240
	CMYK 81,80,82,65	RGB 32,27,24

同类赏析 ▲

该碧螺春促销POP广告以水墨画为背景，茶道为主题，在标题字旁用小字竖向书写，既不占地方，又能向消费者科普茶文化。

其他欣赏 **其他欣赏** **其他欣赏**

4.3.5 个性文字设计

其实文字也可以称为图形的一种，如果对文字信息进行创意设计，说不定能获得图画的表现力，且传递的信息更多。实际上，各种艺术字的设计在POP广告中运用很多，下面让我们一起来看一看吧。

	CMYK	71,24,0,0	RGB	39,165,242
	CMYK	16,13,81,0	RGB	234,218,60

	CMYK	2,79,26,0	RGB	246,86,132
	CMYK	66,0,10,0	RGB	21,203,243

○ 思路赏析

双十一返场宣传活动，需要营造一种炸裂的气氛，所以该POP广告运用了鲜艳的颜色和强劲的漫画画风，使画面极具冲击力。

○ 配色赏析

整个画面运用了红、黄、蓝3种主要的颜色，冷暖色系的对比对消费者是一种视觉轰炸，整体的绘画风格让几种颜色能够相融。

○ 设计思考

为了突出返场活动主题，设计师用漫画式的标题风格来展现"双十一返场"主题文字，每个字都充满了力量感，笔锋强劲，对消费者有足够的影响力。

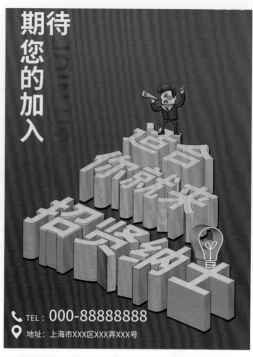

	CMYK 91,88,88,79	RGB 4,0,1
	CMYK 10,26,80,0	RGB 242,199,60
	CMYK 0,0,0,0	RGB 255,255,255

	CMYK 91,76,28,0	RGB 41,76,134
	CMYK 9,52,44,0	RGB 236,151,130

○ 同类赏析 ▲

该招聘POP广告为了吸引人才的注意力，将"缺人"这样的紧急需求用一个字就表达了，通过黑白两色对比，对文字进行了新奇的注解。

○ 同类赏析 ▲

该招聘POP广告，为了吸引人才可以说独具匠心，将宣传语立体化，并进行特殊的颜色处理，极具未来感。

○ 其他欣赏 ○   ○ 其他欣赏 ○   ○ 其他欣赏 ○

4.3.6 装饰文字设计

由于文字也是由不同的线条组成的，所以巧妙设计后能在表达情感的同时，对整个画面起到装饰性作用，如与其他图形元素组合，可以共同营造一幅画面，或是变形成一个图形元素。

	CMYK 3,78,54,0	RGB 244,91,93		CMYK 11,0,62,0	RGB 246,245,119
	CMYK 63,17,31,0	RGB 97,176,183		CMYK 68,79,23,0	RGB 112,76,138

○ **思路赏析**

该耐克品牌店的POP广告将二次元与三次元结合起来，由于画风的不和谐，造成了很强的视觉冲击力，并体现了运动品牌的力量感。

○ **配色赏析**

手绘的街道运用了各种颜色来塑造真实感，不过最显眼的还是红黄两色，色调饱满鲜艳，能够突出概念性的文字信息。

○ **设计思考**

除了两名运动员分散在画面中，彰显运动的美感，耐克品牌的精神内核还通过文字来表达，包括中英文，而字形的夸张，颜色的夸张，是对画面的补充，极具装饰性。

	CMYK 11,17,41,0	RGB 237,217,164
	CMYK 49,71,100,13	RGB 142,85,30
	CMYK 7,19,67,0	RGB 248,215,99

	CMYK 12,0,6,0	RGB 231,245,245
	CMYK 71,19,100,0	RGB 79,163,49
	CMYK 11,4,45,0	RGB 241,239,164
	CMYK 4,45,92,0	RGB 248,165,0

○ 同类赏析 ▲

该新中式房地产POP广告，整体色调为金色，凸显出高档感，画面中间的卷轴上有一个金色的印章，是由"府"字设计的图形，带有一种厚重感。

○ 同类赏析 ▲

该商店的"5.20"促销POP广告，整个画面颜色丰富，弥漫着春天的气息，对于"5.20"这一特殊数字，设计师将爱心与数字相结合，提高了装饰性。

○ 其他欣赏 ○　　　　**○ 其他欣赏 ○**　　　　**○ 其他欣赏 ○**

第 5 章

POP广告设计的创意及巧思

学习目标

想要让制作的POP广告出人意料，设计师便要发挥自己的创意能力，运用各种创意方法，包括几何图形、拟人化、联想、线条等。无论是图形还是文字，只要有一方面不同于其他设计，都能脱颖而出，得到大众的关注。

赏析要点

善用几何图形
营造情境
结合式广告
文案拟人化
联想法
形象拟人化
动态发散
集中元素

5.1　POP广告创意形式

　　广告的创意就是广告的一种表现形式，不同的表现形式能够让观众从不同的角度接收到广告宣传的信息，并为广告画面赋予独一无二的特色。那么，常见的POP广告创意形式有哪些呢？下面让我们一起来了解一下。

5.1.1 善用几何图形

　　几何图形是从实物中抽象出来的各种图形，设计师以之为设计元素，可以有效地刻画出错综复杂的大千世界。生活中到处都有几何图形，运用在POP广告设计中的几何图形既有平面的，又有立体的。善用几何图形能让画面变得更加简约、时尚。

	CMYK 98,94,65,54	RGB 12,23,45		CMYK 82,44,32,0	RGB 30,125,157
	CMYK 15,42,63,0	RGB 227,166,101		CMYK 75,13,41,0	RGB 8,171,168

○ 思路赏析

该新中式地产POP广告，主题为"东方大境"，用一种朦胧的意境美来展示建筑的整体风格，合理利用各种几何图形元素，表达了相关意象。

○ 配色赏析

设计师用蓝色做背景，不同层次的蓝色让整个画面透露出一种神秘、优雅的意蕴，加上金色的各种符号点缀，更添高贵。

○ 设计思考

画面中有很多的图形符号，设计师用这些图形创造了不同的意象，如扬帆远航的船，再用樱花样式的屏风为背景，极具艺术美。

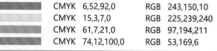

	CMYK 6,52,92,0	RGB 243,150,10
	CMYK 15,3,7,0	RGB 225,239,240
	CMYK 61,7,21,0	RGB 97,194,211
	CMYK 74,12,100,0	RGB 53,169,6

○ 同类赏析 ▲

该夏威夷旅游宣传POP广告，为了突出主题，用浅蓝色圆形图案做底，与橙黄色的字体搭配起来，刻画出夏威夷的碧海蓝天和热带风情。

	CMYK 30,4,52,0	RGB 198,222,148
	CMYK 52,7,98,0	RGB 143,195,32
	CMYK 7,2,47,0	RGB 250,246,159
	CMYK 4,72,96,0	RGB 243,105,4

○ 同类赏析 ▲

该夏季热销单品冰淇淋宣传POP广告，设计师通过三角形营造出海浪的意境，画面背景极具律动感，且颜色清新，吸引力极强。

○ 其他欣赏 ○　　　○ 其他欣赏 ○　　　○ 其他欣赏 ○

5.1.2　营造情境

对于宣传设计来说，表达主题是一种形式，营造氛围也是一种形式。通过对主题内容的把握，利用色彩、符号、文化等元素营造整个画面的情境，能让整个设计作品凸显自己的风格。

	CMYK 24,99,99,0	RGB 207,19,29	CMYK 61,7,11,0	RGB 92,195,230
	CMYK 16,73,9,0	RGB 224,102,161	CMYK 5,26,62,0	RGB 250,204,110

○ **思路赏析**

该云南旅游宣传的POP广告，用彩绘的方式来展现"彩云之南"的美，将古城的风韵，及各种地标建筑一一呈现在画面中。

○ **配色赏析**

为了扣紧"彩云之南"的主题，设计师用了各种颜色营造出华丽的美景，包括蓝色、橙色、红色、紫色、绿色、粉红色等，各种颜色结合得非常和谐，没有任何突兀的地方。

○ **设计思考**

由于云南具有自然风光与古建筑群相结合的美景，所以设计师用灯笼、蝴蝶、小鸟点缀画面，让整个画面更加真实。

	CMYK 71,59,68,15	RGB 87,95,82
	CMYK 37,99,100,3	RGB 179,27,16
	CMYK 2,0,2,0	RGB 250,252,251
	CMYK 43,67,100,4	RGB 164,101,32

	CMYK 45,1,26,0	RGB 152,215,206
	CMYK 48,0,41,0	RGB 146,212,176
	CMYK 42,17,16,0	RGB 161,193,208
	CMYK 82,38,52,0	RGB 26,132,130

◯ 同类赏析 ▲

与其他POP宣传广告不同，该烧烤店的POP广告作品用黑板做背景，所有的文字信息和图形符号都设计为粉笔书写的样子，给人怀念的味道，有聚会的氛围。

◯ 同类赏析 ▲

该春季上新POP广告以绿色作为主色调，用少见的绿色花朵来烘托整体氛围，有一种在春天焕发生机的美丽与生动，很符合上新的含义。

◯ 其他欣赏 **◯ 其他欣赏** **◯ 其他欣赏**

5.1.3 结合式广告

综合运用各种设计元素制作的POP广告，可以让画面看上去更加和谐自然，更具有美感。这样的表现方式看似简单，其实融合了设计师的各种创意，否则难以获得好的效果。

	CMYK 94,75,46,9	RGB 20,73,107		CMYK 68,22,42,0	RGB 85,164,158
	CMYK 30,0,14,0	RGB 188,245,239		CMYK 22,66,80,0	RGB 209,114,60

○ 思路赏析

该中国风式的房产宣传POP广告，具有强烈的中式艺术感，用彩绘也能给人一种宁静、雅致的美感，通过整个画面意境来传递广告的重点信息。

○ 配色赏析

画面整体以青色、蓝青色为基调，营造出一种遥远的、梦幻般的场景。画面中的黄色、红色是点睛之笔，色彩对比更体现出彼此的美感。

○ 设计思考

为了符合"城中别院"的定位，设计师设计了两种建筑形式，一种具备现代都市感，一种隐匿在山林中，二者在云雾缭绕间结合得非常完美。

	CMYK 78,28,20,0	RGB 1,153,194
	CMYK 13,2,85,0	RGB 244,238,28
	CMYK 7,8,6,0	RGB 239,235,236
	CMYK 41,51,27,0	RGB 169,136,157

	CMYK 71,18,93,0	RGB 76,163,66
	CMYK 23,92,100,0	RGB 207,51,26
	CMYK 39,53,24,0	RGB 173,133,159
	CMYK 82,75,18,0	RGB 74,79,147

○ 同类赏析

该婚纱摄影宣传POP广告直接以摄影照片作为背景，与主题文字和宣传内容相结合，这样为画面创造了两个层次，能够互相影响，又不过多干扰。

○ 同类赏析

该凤凰古城的宣传POP广告，直接以景区的风景为背景，一些宣传语和文字信息直接在天空中呈现，显得大气、华丽，无须添加多余的元素。

○ 其他欣赏 ○　○ 其他欣赏 ○　○ 其他欣赏 ○

5.2 POP广告设计创意方法

可能很多人一提到创意，就会觉得创意就像灵感一样，是突然产生的，只要灵机一动，便能得到不俗的创意。其实，若设计师不了解POP广告基本的设计创意方法，是难以把握设计的方向的，更无法根据基本的思路产生好的想法。所以对POP广告一些基本的设计创意方法，最好有所了解，以便形成自己的体系。

5.2.1 文案拟人化

　　文案拟人化是POP广告非常重要的一种设计方式，这种设计方式除了对字形、颜色进行设计外，设计师还应考虑文案实际内容，一句有创造力的广告语能使宣传效果倍增。如果将文案拟人化，还能够与消费者进行对话。

	CMYK 74,20,12,0	RGB 15,167,216		CMYK 5,21,87,0	RGB 255,212,22
	CMYK 25,0,87,0	RGB 219,155,7		CMYK 44,5,87,0	RGB 167,206,61

○ 思路赏析

该商场春季促销POP广告，以文字设计为主，图画设计为辅，没有具体的信息，而是着力展示春天万物复苏，一切从头开始的景象。

○ 配色赏析

主题字用绿色和黄色搭配，有鲜活之感。这两种颜色在色相环中的差距不大，能够更好地相融。背景是蓝色和白色，能够很好地衬托文字。

○ 设计思考

设计师用了桃花、绿叶这些春天的意象来构建一个春天的世界。而文案的设计更加灵活，与一般的"春季促销"相比，拟人化了，更显亲和。

	CMYK 7,48,92,0	RGB 242,157,12
	CMYK 91,85,82,73	RGB 9,13,16
	CMYK 23,84,87,0	RGB 207,73,46

	CMYK 7,5,5,0	RGB 241,241,241
	CMYK 67,8,96,0	RGB 88,180,55
	CMYK 12,92,90,0	RGB 227,46,35
	CMYK 91,65,9,0	RGB 9,92,170

○ 同类赏析 ▲

该餐饮店促销POP广告，文字和图片比例各占一半，文案设计非常接地气，既点出了本店的特色"麻辣"，又找到了对应的消费者。

○ 同类赏析 ▲

该招聘POP广告，为了吸引人才，用拟人化的手法将梦想变成一个对象，通过"给梦想一个机会"来号召有意愿加入的人才。

○ 其他欣赏 ○ **○ 其他欣赏 ○** **○ 其他欣赏 ○**

5.2.2 联想法

联想就是由于某人或某种事物而想起其他相关的人或事物,由某一概念而联想到其他相关的概念。运用在POP广告设计中,就是设计师通过一些符号元素、颜色、形状意象来突出主题广告。

	CMYK 83,67,40,2	RGB 64,90,125		CMYK 45,0,68,0	RGB 160,212,112
	CMYK 61,0,28,0	RGB 33,230,221		CMYK 84,45,37,0	RGB 9,123,150

○ **思路赏析**

设计师用手绘水彩的方式来宣传自行车骑行赛事,简单、有留白,为大众提供了联想的空间,赋予了赛事更多的可能。

○ **配色赏析**

该POP广告整体色调非常统一,以青色、绿色为主,通过颜色的错落勾勒环境,充分展现了清新之色的美,让大众生出欣赏之意。

○ **设计思考**

设计师善用留白空间,只画出自行车的前半部分,就能给大众提示主题,如果完全画出反而会占据画面空间,导致画面不协调。

	CMYK 8,82,91,0	RGB 235,81,31
	CMYK 54,0,19,0	RGB 53,251,250
	CMYK 8,68,30,0	RGB 236,117,137

	CMYK 77,92,88,73	RGB 32,3,5
	CMYK 85,100,63,45	RGB 53,0,54
	CMYK 17,36,76,0	RGB 224,176,74
	CMYK 68,100,68,51	RGB 69,10,40

◎ 同类赏析 ▲

该情人节的促销POP广告，为了在商店中营造节日氛围，设计师用红唇、玫瑰、爱心等元素来象征爱情，让消费者深受感染。

◎ 同类赏析 ▲

该音乐节目的推广宣传POP广告，用话筒、扩音器、音符等元素共同营造了一个音乐的世界，让声音具象化，紧扣主题。

◎ 其他欣赏 ◎　　　**◎ 其他欣赏 ◎**　　　**◎ 其他欣赏 ◎**

5.2.3 形象拟人化

拟人化的设计方法常常能获得幽默的效果。除了前面提到的文案拟人化外，将设计主题、产品品牌或是设计元素拟人化，也能获得特别的宣传效果。

| | CMYK | 59,0,99,0 | RGB | 57,252,34 | | CMYK | 15,15,89,0 | RGB | 237,215,16 |
| | CMYK | 6,96,94,0 | RGB | 237,27,26 | | CMYK | 67,0,88,0 | RGB | 46,208,70 |

○ **思路赏析**

该七喜饮料POP广告，以"冰爽"为主题，希望能在炎炎夏日带给消费者凉爽、愉悦的感觉。整体风格开放、大众化，能得到消费者的认同。

○ **配色赏析**

设计师以绿色为主体颜色，夹杂了白色指代冰块，两色融合搭配让画面更具透明感，非常符合夏日冰饮的主题。

○ **设计思考**

为了让品牌在消费者心中留下深刻的印象，设计师将品牌拟人化，设计了一个通俗的人物形象，极具亲和力。

	CMYK 10,25,63,0	RGB 240,201,108
	CMYK 53,10,31,0	RGB 129,194,188
	CMYK 52,10,97,0	RGB 144,191,37

	CMYK 6,87,0,0	RGB 250,42,162
	CMYK 45,0,85,0	RGB 163,208,66
	CMYK 10,3,63,0	RGB 246,240,118
	CMYK 51,42,39,0	RGB 143,143,143

〇 同类赏析 ▲

该超市的POP广告，将三明治拟人化，通过蓝、绿、黄3种颜色的搭配，丰富形象，也让小朋友产生浓厚的兴趣，极具吸引力。

〇 同类赏析 ▲

该奶茶店的优惠酬宾活动POP广告，为了展现奶茶的美味，用卡通人物的形象，为消费者与产品搭建桥梁，使产品容易被接受。

〇 其他欣赏 〇　　　〇 其他欣赏 〇　　　〇 其他欣赏 〇

5.2.4 动态发散

　　有时候利用线条的走势和组合能够对POP广告画面效果产生非常大的影响。或加剧画面"炸裂"感，或传递某种意象，或指明重心，或增加律动感，设计师应懂得利用线条向外发散的动态更好地表达主题。

	CMYK	78,43,19,0	RGB	53,131,179		CMYK	32,7,8,0	RGB	185,218,233
	CMYK	4,42,91,0	RGB	250,172,4		CMYK	45,28,95,0	RGB	164,169,40

○ **思路赏析**

该娱乐城的啤酒POP广告，通过"众星捧月"的方式来展现产品，努力让消费者感受到啤酒冰爽的感觉。

○ **配色赏析**

设计师以蓝白色为主体颜色，让画面变得更加唯美、透明，消费者会有通感般的体会，即使没有喝到啤酒，都仿佛感受到冰爽。

○ **设计思考**

啤酒在画面正中，四周都是透明的冰，仿佛破冰而出一般，有一种力量感，能带给人一种极强的冲击力，非常吸引消费者的注意力。

4.1.3 POP广告中的"面"

虽然"面"在大小、形状、色彩等方面存在差异，但都能够呈现一定的形象。常见的"面"的种类可以分为几何形、有机形、偶然形态和不规则形态。面与点、线有着非常微妙的关系，既可互相搭配，又能组合。

	CMYK 3,24,11,0	RGB 248,212,214		CMYK 20,2,11,0	RGB 214,236,234
	CMYK 11,66,51,0	RGB 230,118,106		CMYK 74,67,64,23	RGB 76,76,76

○ 思路赏析

该商店为了促销，特意设计了POP广告进行宣传，整个设计作品简单直接，以文字信息为主，图形和色彩元素为辅。

○ 配色赏析

为了让色彩搭配更加和谐，选用的粉色与蓝色都是浅色，并不鲜艳，所以并不会使人眼花缭乱，反而有一种淡雅与清爽之感。

○ 设计思考

为了重点突出文字信息，设计师并未添加图案，而是选用色块，如爱心、三角形这样简单的图形结构来吸引消费者的注意力，也为整个画面赋予一些丰富的元素。

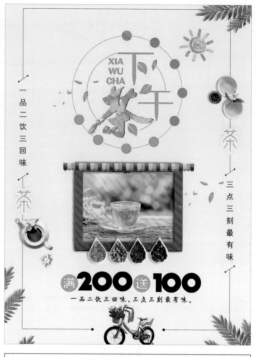

	CMYK 73,26,16,0	RGB 56,159,202
	CMYK 17,94,51,0	RGB 220,36,88
	CMYK 10,24,86,0	RGB 244,203,37
	CMYK 45,13,11,0	RGB 152,198,222

	CMYK 8,0,4,0	RGB 240,255,252
	CMYK 78,13,89,0	RGB 8,165,78
	CMYK 35,4,87,0	RGB 192,217,53
	CMYK 0,52,89,0	RGB 255,153,19

 ○ 同类赏析 ▲

该POP广告作品为了展现促销活动的力度，设计师用爆炸性的效果来吸引消费者，只在正中间留下了一个空白界面，用以清晰展示文字信息和广告语。

○ 同类赏析 ▲

该下午茶推广POP广告，用一个小窗口来展现一杯绿茶，就像创造了一个独特的空间，将其他元素分隔开来，给了消费者两种视觉体验。

○ 其他欣赏 ○　　　**○ 其他欣赏 ○**　　　**○ 其他欣赏 ○**

POP广告版式设计原则

POP广告的版式设计就是对运用在设计中的各种元素进行规划，包括文字、图案、符号，有时候换一种版式能让这些元素更好地呈现。那么，在进行POP广告版式设计时需要遵守哪些原则呢？

4.2.1 版面的趣味性与创意

我们都知道框架是设计的骨骼，版面的划分和规划有时会决定设计的走向。我们常见的版面形式有各种对称形式，也有不规则形式，若是设计师希望广告富有创意，从结构入手可一劳永逸。

	CMYK 1,56,29,0	RGB 249,146,150		CMYK 47,0,36,0	RGB 141,227,192
	CMYK 5,17,77,0	RGB 255,219,69		CMYK 0,25,11,0	RGB 253,211,212

○ 思路赏析

该商场的夏季促销POP广告以夏日为主题，将画面分为好几个层次来契合主题，设计师通过对版面的创意设计完成了文字信息和图案的表达。

○ 配色赏析

为了让消费者体会到夏日的生机与美丽，设计师选择的颜色较为丰富，以蓝色为背景，有清新之美，添加粉红色与黄色，鲜艳饱满，与背景颜色融合得非常好。

○ 设计思考

整个设计主题是"你好，夏天"，画面最上层是白底黑字呈现的文字信息，下面一层为绽放的花朵，非常具有美感，也有层次。

	CMYK 95,87,48,15	RGB 32,54,93
	CMYK 54,50,85,3	RGB 138,126,66
	CMYK 17,31,48,0	RGB 222,186,138
	CMYK 44,97,56,2	RGB 166,39,84

	CMYK 52,0,27,0	RGB 127,209,205
	CMYK 1,58,0,0	RGB 250,144,192
	CMYK 3,91,31,0	RGB 245,44,114
	CMYK 6,17,85,0	RGB 253,218,32

◎ 同类赏析

该化妆品促销POP广告，为了同时展现多种化妆品和其背景相关元素，将版面一分为二，用镜面设计将所有元素进行展现，可谓创意十足。

◎ 同类赏析

上新促销POP广告一般要设计得比较热闹，为了清楚传递信息，设计师应将文字版块和图形版块分隔开来，白底彩字，然后在周围绘制小的图形元素装点。

◎ 其他欣赏 ◎　　　**◎ 其他欣赏 ◎**　　　**◎ 其他欣赏 ◎**

4.2.2 画面的整体性

一幅设计作品最重要的就是整体性和统一性，这点从格式安排上就能进行铺垫。就像火车轨迹一样，提前画好轨迹，各类元素只需按照相关轨迹"运行"即可。而所谓轨迹就是各个元素的相关性体现。

	CMYK	99,91,55,28	RGB	17,43,76		CMYK	35,12,3,0	RGB	178,209,237
	CMYK	94,90,58,38	RGB	27,39,65		CMYK	34,28,7,0	RGB	181,182,212

○ 思路赏析

该4S店又上了新款车型，因而设计了极具创意的POP推广广告，设计师用不一样的视角展示了新款车的各种性能。

○ 配色赏析

整个画面的色调都非常暗，可以满足设计师设计一个太空环境，而点缀在黑夜的蓝色，既让人觉得梦幻，又体现了科技感。

○ 设计思考

画面传递给消费者的信息就是该款车可以从地球奔往月球，并具备强大的载重能力。整个画面以新车为重点，无论人物还是其他元素都围绕在其周围。巨大的地球作为背景，十分和谐。

	CMYK	10,13,57,0	RGB	242,223,131
	CMYK	10,96,100,0	RGB	231,22,15
	CMYK	34,23,96,0	RGB	192,186,14
	CMYK	50,100,100,30	RGB	123,19,20

	CMYK	8,47,33,0	RGB	237,163,154
	CMYK	68,35,21,0	RGB	92,148,183
	CMYK	25,54,73,0	RGB	206,138,77
	CMYK	32,67,99,0	RGB	191,108,28

◎ 同类赏析 ▲

该小吃店为了推出鸡肉卷，打算用图片广告吸引消费者，POP广告下方用5张并排的小图展示各种状态下的鸡肉卷，为消费者提供了更多信息。

◎ 同类赏析 ▲

将旅游宣传做成报纸版面的形式，主题栏目、图片栏目、介绍栏目共同形成和谐的整体，设计上带给人创新和惊喜。

◎ 其他欣赏 ◎　　**◎ 其他欣赏 ◎**　　**◎ 其他欣赏 ◎**

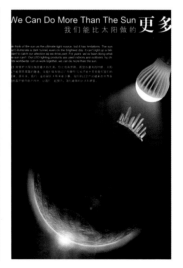

4.2.3 突出主题

POP广告宣传有强烈的目的性和主题内容，在设计版式时，设计师可以任意选择各种方式来突出主题。无论文字还是图案，或是文字与图案的结合，从占据画面的面积、颜色、位置及呈现方式入手，都能够让消费者一眼就注意到。

	CMYK 79,85,89,72	RGB 30,15,12		CMYK 7,64,89,0	RGB 239,124,33
	CMYK 45,100,100,15	RGB 151,26,30		CMYK 26,29,57,0	RGB 205,183,123

○ **思路赏析**

该力加啤酒POP广告用比较简单的画风来呈现产品，直接有效，且适合品牌定位——平价、亲民，无须多余的元素来画蛇添足。

○ **配色赏析**

整体色调比较昏暗，以品牌的标志颜色——红色进行晕染，呈现了一种暗红的光泽，有一种"醉梦"的意境。

○ **设计思考**

要说啤酒和什么最搭配，自然是夜景，所以设计师以夜景为背景，用模糊的手法衬托产品，以及经典的广告语。

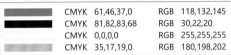

	CMYK	61,46,37,0	RGB	118,132,145
	CMYK	81,82,83,68	RGB	30,22,20
	CMYK	0,0,0,0	RGB	255,255,255
	CMYK	35,17,19,0	RGB	180,198,202

	CMYK	60,3,31,0	RGB	100,199,196
	CMYK	5,21,87,0	RGB	255,212,12
	CMYK	0,56,91,0	RGB	254,145,2
	CMYK	68,79,0,0	RGB	158,35,247

◯ 同类赏析 ▲

该电子商店的音响产品POP广告，设计师别出心裁，用一圈又一圈散开的波纹，比喻声音的可视形象，生动地展现了产品的功能。

◯ 同类赏析 ▲

该商家发布的啤酒活动POP广告，用绚丽的色彩烘托欢乐氛围。在纯青色背景下，放射线条从主题文案处发散开来，以帮助消费者锁定关键信息。

◯ 其他欣赏 ◯　　　　◯ 其他欣赏 ◯　　　　◯ 其他欣赏 ◯

5.2.5 集中元素

如何展现POP广告画面的主题元素，设计师可选择的方式有很多，或散落在画面中，或是集中在某一区域，不同的展现方式可以体现不同的效果。将主要元素集中在一起，可烘托画面整体氛围，或是重点突出某些内容。

| | CMYK 91,76,25,0 | RGB 38,76,139 | | CMYK 26,97,97,0 | RGB 202,34,34 |
| | CMYK 16,15,90,0 | RGB 235,214,3 | | CMYK 74,17,96,0 | RGB 61,163,61 |

○ **思路赏析**

该旅游公司的POP广告带有某种呼吁的性质，通过将有吸引力的元素集中展现在画面正中，增强信息的呈现力度，这对消费者来说是一种"轰炸"。

○ **配色赏析**

红、蓝两色对比，蓝色的沉静搭配红色的鲜艳、火热，平衡了整个画面，红蓝之间用白色的云来过渡，不会有突兀感，增加了氛围感。

○ **设计思考**

在画面正中可以看到泰国的传统建筑和标志性的白象，再加上主题文案以及一些热气球元素，将旅行的氛围拉到最满，与主题呼应的同时更加突出了主题。

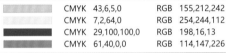

	CMYK	43,6,5,0	RGB	155,212,242
	CMYK	7,2,64,0	RGB	254,244,112
	CMYK	29,100,100,0	RGB	198,16,13
	CMYK	61,40,0,0	RGB	114,147,226

	CMYK	8,95,88,0	RGB	235,28,36
	CMYK	10,5,72,0	RGB	248,237,87
	CMYK	90,88,87,79	RGB	6,0,0

○ 同类赏析 ▲

该拉杆箱POP广告，设计师在天空中留下一个空间用以展示，一种对世界的向往，而这种产品能助力消费者达成自己的向往。

○ 同类赏析 ▲

设计师用最接地气的方式来突出地方的小吃特色，简单的用语能最大范围地传递信息。

○ 其他欣赏 ○　　**○ 其他欣赏 ○**　　**○ 其他欣赏 ○**

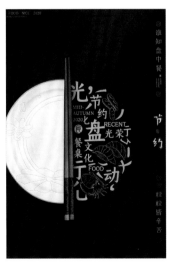

5.2.6 简易线条插画

除了通过图形来展现POP广告的宣传要点外，近几年开始流行一种新的展现形式，即用线条勾勒主体。这种示意性的简图风格，以简易的线条为主要元素，整体风格简练、流畅、富有艺术性，在传递主题的同时，也能为画面带来动感，引导大众视线。

| | CMYK 66,15,65,0 | RGB 94,173,118 | | CMYK 4,3,3,0 | RGB 246,246,246 |
| | CMYK 37,34,35,0 | RGB 176,167,158 | | CMYK 81,75,66,39 | RGB 51,54,61 |

○ 思路赏析

这是工商管理硕士MBA教育宣传POP广告，主题为教育宣传，用简单的构图和字符元素来表达获得教育培训的效果。

○ 配色赏析

画面以绿色为背景颜色，白色的字符元素和图形在纯色背景映衬下能够清晰地展示，同时两色的结合展现了"教育的生机"。

○ 设计思考

设计师在画面背景上设计了各种字符，用粉笔画的形式来展现，线条清晰，又能与教育主题结合起来。用书本构成阶梯式的意象，传递"培训可使人进步"的概念。

	CMYK 93,72,10,0	RGB 5,82,162
	CMYK 15,3,7,0	RGB 225,239,240
	CMYK 61,7,21,0	RGB 97,194,211

	CMYK 89,72,0,0	RGB 34,76,194
	CMYK 100,100,45,0	RGB 20,16,126
	CMYK 64,6,22,0	RGB 78,193,211
	CMYK 66,26,41,0	RGB 94,160,156

○ **同类赏析** ▲

该酒吧借助啤酒节活动宣传自己,在POP广告中用简洁的线条勾勒出啤酒瓶,与深蓝色的背景融合,清晰地展示在画面中。

○ **同类赏析** ▲

该房地产宣传POP广告,采用二分构图法,通过蓝白两种背景颜色将画面分为两个部分,并用细密的线条勾勒出很多的建筑物,激发大众对城市生活的向往,体现地产品品牌的贡献。

○ **其他欣赏**　　　○ **其他欣赏**　　　○ **其他欣赏**

5.2.7 2.5D塑造不同效果

2.5D又称为伪三维，在平面设计上代表一种等视距图风格，不考虑几何体的透视效果，通过独特的视角能产生一种伪3D感。因此，在图表设计、网页设计以及一些广告设计中非常流行，会给人一种如身临其境般的感受，加强与目标对象的互动。

	CMYK 3,26,68,0	RGB 254,204,93		CMYK 0,74,48,0	RGB 251,102,104
	CMYK 3,45,24,0	RGB 247,169,169		CMYK 7,15,0,0	RGB 240,226,241

○ **思路赏析**

该饮品店的宣传POP广告，用2.5D的效果营造了一种轻松的氛围，在都市生活的上班族很容易被这种惬意、舒适的时光打动，进而达到商家的宣传目的。

○ **配色赏析**

大量的留白空间为塑造2.5D效果奠定了基础，糖果色为整个设计增添了欢快的生活气息，且颜色饱和度较低，不会给人艳俗的感觉。

○ **设计思考**

设计的图形元素在比例上十分与众不同，将咖啡杯、饮料杯放大，人物比例缩小，在视觉上给人一种虚拟感。这种设计方式不仅为消费者提供了第三视角，更能品味下午茶的美妙。

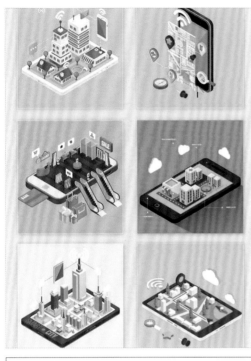

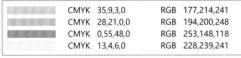

	CMYK 35,9,3,0	RGB 177,214,241
	CMYK 28,21,0,0	RGB 194,200,248
	CMYK 0,55,48,0	RGB 253,148,118
	CMYK 13,4,6,0	RGB 228,239,241

	CMYK 45,0,12,0	RGB 130,244,254
	CMYK 60,10,98,0	RGB 119,183,45
	CMYK 11,74,57,0	RGB 231,100,92
	CMYK 61,52,0,0	RGB 133,128,255

◯ 同类赏析 ▲

为了对手机软件的功能进行多方位展示，设计师结合2D与2.5D效果，创造了一个可视化的世界，能让消费者真实感受其所带来的便利。

◯ 同类赏析 ▲

某旅游公司为了提高夏季旅游业绩，制作了2.5D效果的宣传POP海报。画面以清新的浅蓝为背景，呈现出立体效果的度假村，以吸引客户的眼光。

◯ 其他欣赏 ◯　　　**◯ 其他欣赏 ◯**　　　**◯ 其他欣赏 ◯**

5.2.8 现实与虚拟结合

　　广告设计是一次创意之旅，各种风格的尝试及互相融合都可视为新的探索之路。如果将真实照片与插画结合，可以打破广告设计的壁垒，形成不小的反差，能够完成意象与概念的传递，而如何结合是不同设计师应仔细考虑的问题。

	CMYK 3,10,37,0	RGB 255,236,177		CMYK 20,100,95,0	RGB 213,0,33
	CMYK 6,17,64,0	RGB 251,220,108		CMYK 4,3,4,0	RGB 248,247,245

　○ **思路赏析**

该元宵节商场促销POP海报，以剪纸为主要元素来烘托节日气氛，能够与大多数人产生情感共鸣，可以说一举两得。

　○ **配色赏析**

设计师用金色作为背景颜色，搭配红色的剪纸和金色的纹饰，显得喜庆、隆重，无论红色还是金色，都是中国传统节日的常用色，与"闹元宵"的主题十分契合。

　○ **设计思考**

剪纸的主题为"舞龙"，是传统的庆祝活动。为了与元宵节结合起来，设计师直接将元宵图片嵌入画面中，核心元素与传统仪式相结合，真实感与设计感并重。

	CMYK 62,7,12,0	RGB 88,195,229
	CMYK 39,14,3,0	RGB 167,203,235
	CMYK 18,5,89,0	RGB 232,230,8

	CMYK 2,52,82,0	RGB 250,153,48
	CMYK 42,6,24,0	RGB 161,210,204
	CMYK 30,59,0,0	RGB 235,116,242
	CMYK 6,11,84,0	RGB 255,228,35

 同类赏析 ▲

该夏季家电促销POP海报，利用冰山作为背景，与文案主题"破冰出击"契合，并在画面正中呈现了一些优质家电，突出了主要促销对象。

同类赏析 ▲

该蔬菜水果的促销POP将颜色与丰富的食材结合起来，用蓝、紫、橙、黄多种颜色获得出丰盛的视觉表达效果。

○ **其他欣赏** ○　　　　○ **其他欣赏** ○　　　　○ **其他欣赏** ○

5.2.9 异质同构

　　异质同构是一种常见的平面广告设计方法，是指将不同质地的元素进行非现实的结合，通过肌理替换、材质覆盖实现意义的转嫁，并成为一个新的整体，构成既统一又反差的画面。

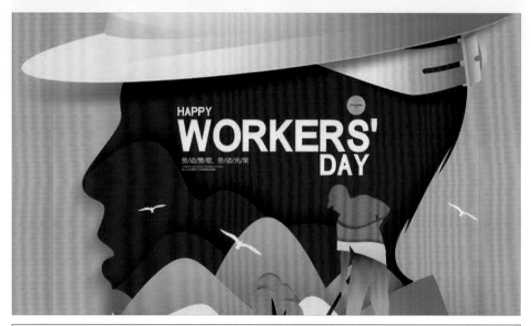

| | CMYK 14,26,92,0 | RGB 236,196,0 | | CMYK 100,84,46,10 | RGB 1,60,102 |
| | CMYK 52,7,20,0 | RGB 128,202,213 | | CMYK 0,75,53,0 | RGB 254,99,95 |

○ **思路赏析**

该五一劳动节的宣传POP海报，设计师以劳动者的形象为核心元素，向大众强调劳动的意义，也希望大众能利用劳动节的时间，好好休息一下。

○ **配色赏析**

设计师用黄色作为背景色，与蓝色互相对比，能突出劳动者的基本轮廓。黄蓝两色的搭配也使画面非常现代、时尚。

○ **设计思考**

设计师将劳动者的轮廓与劳动的场景重叠，节约了大量的空间，比起普通的呈现，两种意象的融合更让人印象深刻、耳目一新。

	CMYK 64,15,0,0	RGB 66,184,254
	CMYK 21,70,100,0	RGB 213,106,2
	CMYK 100,96,42,0	RGB 0,39,124

	CMYK 75,70,72,37	RGB 64,63,58
	CMYK 4,12,39,0	RGB 251,231,172
	CMYK 20,23,44,0	RGB 217,199,153
	CMYK 30,26,34,0	RGB 192,185,167

○ 同类赏析 ▲

该楼盘的POP宣传海报，设计师用孔雀作为意象吸引客户，点明"凤凰山景区"，并用孔雀尾羽呈现山区景色，清新时尚。

○ 同类赏析 ▲

该中秋节促销POP海报，设计师用玉兔和月亮来紧扣中秋元素，并将圆月与各种起伏的山峦结合起来，塑造"千里共婵娟"的意境。

○ 其他欣赏 ○　　　○ 其他欣赏 ○　　　○ 其他欣赏 ○

5.2.10 数字的创意表达

基于广告宣传的内容，常常会出现大量的数字元素，在表达这些数字时，很多设计师会选择将其重点标出，或是放大比例，或是改变颜色，而运用与产品或品牌相关的元素来构成关键数字，会获得完全不同的视觉表达效果。

○ 思路赏析

该四月初的宣传POP海报，重点展现了4月的季节之美，万物复苏，能对消费者起到呼吁作用，希望消费者应该借此机会为自己的生活添置些日用品。

○ 配色赏析

设计师通过蓝色与绿色营造了自然、生机的氛围，黄、红两色的点缀，为冷色调的画面增添了暖意，给人一种微妙的平衡感。

	CMYK 33,0,9,0	RGB 177,246,253
	CMYK 80,24,100,0	RGB 19,149,23
	CMYK 11,50,34,0	RGB 231,154,148

○ 设计思考

设计师将数字"4"重点呈现，在其间展示了花草树木、细雨纷纷的景象，将4月的美透过一个小窗口释放出来，二者合一，有很强的设计感。

○ 同类赏析

◀左图为新品发布会的POP海报。画面以深蓝色为背景，简约大气。将银色的倒计时天数与海豚结合，向大众展示了一种未来感与科技感。

右图为城市中心楼盘的POP广告。▶画面用数字"1"来表现城市中心的绝佳地段，大气的背景衬托出楼盘的基础格调，配色也十分简约，以蓝色调为主，金色进行点缀。

	CMYK 100,100,60,25	RGB 5,25,78
	CMYK 82,62,0,0	RGB 52,98,254
	CMYK 54,0,24,0	RGB 115,217,217

	CMYK 29,8,4,0	RGB 192,220,241
	CMYK 0,11,12,0	RGB 255,237,225
	CMYK 2,21,3,0	RGB 249,219,231

第 6 章

POP广告设计技巧提升

学习目标

POP广告的呈现是多方面元素综合运用的结果，一般越是有经验的设计师越能有效把握最终的效果，原因在于其已对各种POP广告设计技巧的运用游刃有余，能够选择最适宜的表达方式，让消费者欣赏设计内容不同的美。

赏析要点

律动美
对比美
调和美
直接展示
有效夸张
以小见大
幽默表达
以情托物

6.1 POP广告呈现技巧

　　如何呈现POP广告，以便有效选择目标客户，需要设计师把握好各种设计元素，让画面具有一种显而易见的美。设计师需要明白，很多时候消费者并不是被画面中的某种元素吸引，而是被整体氛围所吸引而驻足观看。因此，整体呈现也非常重要，需要掌握相关技巧。

6.1.1 律动美

　　律动美可以用来形容音乐，可以用来形容人的状态，在POP设计中的律动美便是指画面带给大众的一种视觉感觉。我们都知道运动中的物体更能吸引人的注意力，所以为POP设计赋予律动感，能有效提高宣传效率。为了让画面有动势，设计师可以利用曲面、曲线、光线变化来制造视觉差异，让平面产生发挥的空间。

	CMYK 81,79,42,5	RGB 74,72,111		CMYK 49,47,15,0	RGB 150,139,179
	CMYK 2,13,38,0	RGB 255,231,174		CMYK 94,96,72,66	RGB 13,8,28

○ 思路赏析

该化妆品POP广告，为了向大众展示其基本的功能——紧致赋弹，以丝绸为主要元素让消费者产生一定的联想。

○ 配色赏析

该POP的主题颜色为紫色，不同色调的紫色有非常大的张力，能在消费者心中蔓延开来，展示产品的高端、质地与梦幻情调，而对女性消费者来说这是"致命打击"。

○ 设计思考

丝绸般的意象在产品背后自由流动，既突出了产品，又为产品赋予了别样的风情，飘扬的丝绸看起来既高档又十分光滑，容易让人联想到紧致的皮肤。

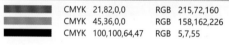

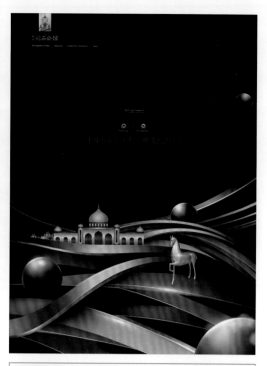

	CMYK 21,82,0,0	RGB 215,72,160
	CMYK 45,36,0,0	RGB 158,162,226
	CMYK 100,100,64,47	RGB 5,7,55

	CMYK 85,87,89,76	RGB 18,5,0
	CMYK 19,37,47,0	RGB 218,174,137
	CMYK 9,0,66,0	RGB 252,250,103
	CMYK 46,68,90,7	RGB 153,96,51

○ 同类赏析 ▲

该汽车POP广告，用光影来展现流线型车身，让消费者仿佛看到汽车行驶中的样子，高端的紫色在光线作用下更具吸引力。

○ 同类赏析 ▲

该高端地产POP广告，以金色为主体色，让大众感受到奢华感，画面中层层叠加的线条在光泽的不断变化中有了动态之美，增强了吸引力。

○ 其他欣赏 ○　　　**○ 其他欣赏 ○**　　　**○ 其他欣赏 ○**

6.1.2 平衡美

平衡是一种常见的设计方式，采用这种设计方式，整个画面不会有较为突兀的部分，给大众的第一印象就是舒缓、自然。诚然，对科技行业、美食行业等来说，需要设计出刺激消费者的画面，但对于房地产、母婴产品等行业，需要的则是安慰心灵的广告作品。

	CMYK 14,0,1,0	RGB 226,244,254		CMYK 9,3,86,0	RGB 251,239,4
	CMYK 91,85,2,0	RGB 48,60,158		CMYK 49,24,10,0	RGB 142,178,212

○ 思路赏析

该临湖而建的楼盘宣传POP广告，通过巧妙的布局，诗意的文案，和谐的意境，绘制了宜居的画面，有效地宣传了地产品牌。

○ 配色赏析

整体色调冷暖结合，达到了微妙的平衡。金色的阳光和蔚蓝的天空、湖水共同形成了优美的画卷，能给人带来宁静之感。

○ 设计思考

为了紧扣文案主题"湖边有生活"，设计师突出了湖面的倒影，让湖水的意象变得立体起来，显示了楼盘的一大特色和宣传点。

	CMYK 0,47,85,0	RGB 255,164,39
	CMYK 18,100,96,0	RGB 218,1,30
	CMYK 0,0,0,0	RGB 255,255,255

	CMYK 75,35,0,0	RGB 40,148,236
	CMYK 59,31,93,0	RGB 127,154,59
	CMYK 6,60,25,0	RGB 241,136,153
	CMYK 5,13,76,0	RGB 255,226,72

 同类赏析 ▲

该元宵节创意POP海报，主要元素全部集中在画面正中，为了平衡画面整体布局，四角用祥云、灯笼、日期等元素填充。

○ **同类赏析** ▲

该花店预定宣传POP广告，以清丽的鲜花作为主要设计元素。将其分布在两个对角位置，添加其他的卡通元素让画面有了稳定感，也给了设计师发挥的空间。

○ **其他欣赏** ○　　　○ **其他欣赏** ○　　　○ **其他欣赏** ○

6.1.3 对比美

对比可以产生美。在艺术表现形式上，如果对比效果明显，就能吸引绝大多数人的注意力，所以被设计师广泛运用。对比的呈现各有千秋，有颜色的对比，也有大小的对比，只要运用得宜，凸显艺术性，就能吸引消费者。

	CMYK 93,88,89,80	RGB 0,0,0		CMYK 3,14,51,0	RGB 255,227,143
	CMYK 51,100,100,35	RGB 115,4,0		CMYK 67,58,55,5	RGB 104,104,104

○ 思路赏析

该芭蕾舞培训中心招生POP海报，主题为"世界在你脚下"。广告以芭蕾舞舞姿作为主要元素进行宣传，让大众感受到生命的运动美。

○ 配色赏析

黑色与金色对比强烈，凸显出金色的力量感。而从黑暗中生出的光亮，则暗喻着生命在发光，对消费者有积极的暗示作用。

○ 设计思考

从美妙的舞姿和飞扬的翅膀，设计师创造了一种振翅而飞、破茧成蝶的意象，将芭蕾舞的美妙不遗余力地展现出来，极具吸引力。

	CMYK 41,100,100,7	RGB 169,11,0
	CMYK 92,67,19,0	RGB 1,90,156
	CMYK 25,36,74,0	RGB 208,171,83

	CMYK 13,12,82,0	RGB 240,222,54
	CMYK 67,42,0,0	RGB 93,142,244
	CMYK 0,0,0,0	RGB 255,255,255

○ 同类赏析 ▲

中秋来临，月饼的促销正是时候，设计师用红蓝两色对比，塑造了喜庆、高级的画面感，整体的暗色调也让画面失去了过多的刺激性。

○ 同类赏析 ▲

该小朋友的绘画培训宣传POP海报，重点在于展现色彩的美，用黄蓝两只蝴蝶恣意飞翔的姿态，体现出绘画的艺术性和创造性。

○ 其他欣赏 ○　　**○ 其他欣赏 ○**　　**○ 其他欣赏 ○**

6.1.4 比例美

比例关系其实也是一种对比关系，按一般的审美标准来说，在POP设计中物体的比例关系，都会基于常识来划定，但若对某些设计元素的比例进行放大或缩小，在整体呈现上就会与众不同，打破大众固有印象。

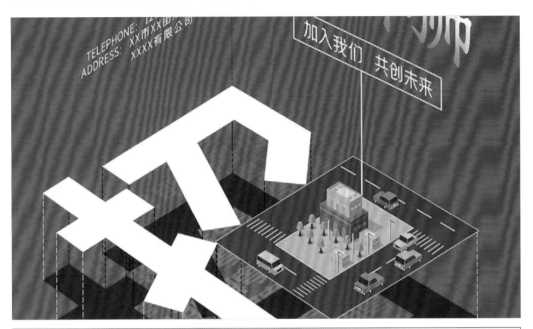

	CMYK 12,84,90,0	RGB 227,73,35		CMYK 0,0,0,0	RGB 255,255,255
	CMYK 70,65,57,11	RGB 94,89,95		CMYK 14,69,35,0	RGB 226,111,128

○ 思路赏析

该招聘广告传递的信息最复杂，即如何将招聘职位、招聘要求表达清楚，是对设计师的一种考验，同时作为POP广告也不能过多地罗列文字信息，影响到大众的接受度。

○ 配色赏析

设计师以橙色为背景色，鲜艳又具有活力，可以彰显公司的能量；白色的文字信息在其间显示得非常清楚，两种颜色搭配既不浮夸，又不杂乱。

○ 设计思考

为了向大众展示招聘的职位为建筑行业设计师，设计师用缩小比例的建模设计来展示职位特征，图形化以后更加一目了然。

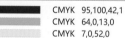

	CMYK 95,100,42,1	RGB 53,29,113
	CMYK 64,0,13,0	RGB 63,202,235
	CMYK 7,0,52,0	RGB 254,251,146

	CMYK 92,84,0,0	RGB 43,53,176
	CMYK 41,4,2,0	RGB 158,217,249
	CMYK 0,18,20,0	RGB 255,224,204
	CMYK 9,51,5,0	RGB 235,155,192

○ 同类赏析 ▲

该户外运动报名POP海报，为了展现户外运动与人的关系，设计师勾勒出大面积的人物形象，然后在其间增添了户外元素，包括山峦、越野车等。

○ 同类赏析 ▲

该房地产POP广告以山水插画为宣传点，将文案信息缩小，不占空间，也不会过分吸引客户注意力，但唯美的环境却可以给客户带来许多惊喜。

○ 其他欣赏 ○　　　　**○ 其他欣赏 ○**　　　　**○ 其他欣赏 ○**

6.1.5　调和美

　　调和是将各种不同元素融合在一起，并且呈现得比较自然，具有一定的美感。这需要设计师有谋篇布局的能力以及色彩搭配的能力，只有这样才能将完全不同甚至对立的元素恰当地安排在画面中。

	CMYK 65,66,0,0	RGB 126,98,208		CMYK 50,11,0,0	RGB 132,200,249
	CMYK 25,68,0,0	RGB 243,93,219		CMYK 3,20,57,0	RGB 255,216,123

○ **思路赏析**

该感恩节促销宣传POP，内容简单直白。设计师希望通过直接的方式营造节日气氛，向消费者释放感恩节降价的信息。

○ **配色赏析**

背景颜色为紫色，字体颜色为白色与黄色，既渲染了节日的气氛，又让字体更加清晰，再加上蓝色的倒三角烘托，画面中包含的色彩层层叠加，各不干扰，却又能共同作用。

○ **设计思考**

设计师采用了促销常用的元素，包括方块、圆形按钮等几何图形，营造出大气又不单调的背景，以便呈现主题。

	CMYK	0,84,71,0	RGB	255,70,58
	CMYK	100,95,34,0	RGB	0,37,134
	CMYK	77,31,52,0	RGB	54,144,135
	CMYK	66,18,0,0	RGB	57,179,255

	CMYK	74,63,0,0	RGB	90,100,197
	CMYK	50,48,0,0	RGB	149,138,207
	CMYK	9,44,8,0	RGB	235,169,196
	CMYK	86,94,39,5	RGB	70,49,105

○ 同类赏析 ▲

该企业文化墙海报，为了宣传企业文化，设计师用色彩和曲线创造了一个充满想象的意象，迎合超越的主题，调和的色彩让整个设计变得更加前卫。

○ 同类赏析 ▲

该商家为了在七夕节营造节日气氛，以蓝色和紫色为主色调营造浪漫氛围，配以"月下之吻"的情境，使整个画面十分动人。

○ 其他欣赏 ○　　　○ 其他欣赏 ○　　　○ 其他欣赏 ○

6.1.6 统一美

一幅设计作品中包含的元素较多，各个元素都是为了主题而存在。有的时候为了获得夺人眼球的效果，各个元素之间也会有所冲撞。但温和而传统的流派对画面的统一美非常在乎，能够向大众表达品牌和产品的亲和力。

○ 思路赏析

该圣诞节促销POP广告，设计师剑走偏锋，抛弃有关元素的固有设计方式，以清爽之风吸引消费者，在一众设计中保持了独特性。

○ 配色赏析

与其他圣诞海报不同，该设计作品以绿色作为主题色调，简约大气，不同的元素呈现了不同的绿色，很有层次感和艺术性。

	CMYK	70,31,67,0	RGB	89,147,107
	CMYK	88,56,96,28	RGB	26,83,48
	CMYK	10,0,33,0	RGB	241,246,192

○ 设计思考

设计师用麋鹿、冷杉枝、雪花、装饰球等圣诞的标志元素来营造节庆氛围，用不同的颜色来区分，却又能形成一个整体概念。

○ 同类赏析

◀左图为某化妆品品牌促销POP海报，为了加深产品在消费者心目中的印象，特意用白色和灰色作背景色衬托产品，并用白色迎春花作为产品的替代形象。

该卫生巾促销POP广告，风格清▶新简约，为了体现产品的舒适无刺激性，用云朵和绿叶与主题呼应，白、蓝、绿搭配在一起协调自然。

	CMYK	0,0,0,0	RGB	254,254,254
	CMYK	23,17,17,0	RGB	205,205,205
	CMYK	6,13,82,0	RGB	255,255,47
	CMYK	65,67,74,25	RGB	96,78,64

	CMYK	13,0,6,0	RGB	229,247,247
	CMYK	44,0,52,0	RGB	158,224,153
	CMYK	60,15,26,0	RGB	108,182,193
	CMYK	3,0,1,0	RGB	249,253,254

6.2 POP广告设计法则

POP广告设计法则涵盖了许多常规的设计手段，都是非常有效且经过检验的，这些准则都有共同的特点，即能够吸引顾客的注意力，激发其购买欲。因此，被很多设计师所选用。具体来讲，应了解以下法则。

6.2.1 直接展示

　　直接展示，顾名思义就是在设计中直接展示产品或宣传事项，可以是文字信息，也可以是图片信息。一般来说，设计师倾向于展示外观诱人的产品，如水果、鲜花、美食或甜品等，直接展示可以更真实地体现其颜色与特色。

	CMYK 67,62,60,11	RGB 102,94,91		CMYK 33,82,100,1	RGB 189,77,27
	CMYK 82,79,73,55	RGB 39,37,40		CMYK 97,79,60,32	RGB 3,54,73

○ **思路赏析**

该地方菜品的宣传POP海报，为了体现地方餐饮特色和口味，整体采用中国风设计方式。

○ **配色赏析**

由于该地方菜系的清淡口味较为知名，因此整体采用灰白、浅棕色调烘托意境，并与招牌菜品的颜色形成对比。

○ **设计思考**

设计师用水墨画勾勒背景，呈现标志性的中国风建筑，体现文化特色。在画面右侧直接展示招牌菜品，风格独特，极具吸引力。

冬枣海报

时尚美味健康营养
Fashionable and healthy nutrition

美味
Delicacy of jujube
冬枣

Fashionable and healthy nutrition

健/康/美/味
时尚美味健康营养

加量不加价

黄焖鸡/黄焖排骨/...

	CMYK 6,4,4,0	RGB 243,243,243
	CMYK 24,93,86,0	RGB 207,49,46
	CMYK 74,44,100,4	RGB 81,123,0

	CMYK 77,85,86,70	RGB 35,17,15
	CMYK 9,90,92,0	RGB 233,55,29
	CMYK 21,6,43,0	RGB 218,228,168
	CMYK 43,54,96,1	RGB 168,126,42

○ 同类赏析 ▲

该冬枣促销POP广告，直接展示硕大饱满的产品，就是对消费者最自然的吸引。红白两色的经典对比，既简约又突出。

○ 同类赏析 ▲

该黄焖鸡餐饮店宣传POP海报，直接将招牌菜黄焖鸡用图片展示，并辅以宣传文案"加量不加价"，就能自然而然地提高关注度。

○ 其他欣赏 ○　　○ 其他欣赏 ○　　○ 其他欣赏 ○

6.2.2 突出特征

我们要想宣传一款产品，一定先要找到产品的卖点及重点，并加以突出展示或具象化展示，这样更容易在消费者心里留下深刻的印象，这就是所谓的突出特征法。具体实例我们一起来了解一下。

	CMYK 2,37,90,0	RGB 255,182,0		CMYK 39,0,50,0	RGB 169,236,159
	CMYK 0,92,93,0	RGB 254,36,9		CMYK 27,40,55,0	RGB 200,163,119

○ 思路赏析

某美食店对其招牌菜品炸鸡进行宣传，为了突出菜品原材料，设计师用拟人的手法展现了一只气质高昂的公鸡，以吸引消费者的注意力。

○ 配色赏析

背景采用双色对比方式，黄色与浅绿色各占画面一半的空间，整个画面十分明亮，纯色背景既能很好地展示有关设计元素，又不至于单调。

○ 设计思考

拟人化的公鸡一手拿餐具，一手拿啤酒，构建了一幅用餐的热闹情境，且炸鸡配啤酒也是经典搭配，有效地突出了炸鸡的特殊之处。

	CMYK	3,29,69,0	RGB	255,199,90
	CMYK	0,0,0,0	RGB	255,255,255
	CMYK	30,22,23,0	RGB	190,192,189

	CMYK	44,25,25,0	RGB	158,177,183
	CMYK	8,16,29,0	RGB	241,221,188
	CMYK	0,0,0,0	RGB	255,255,255

○ 同类赏析　　　　　　　　　　　　　▲

该韩国某品牌滑板车POP海报，以黄色为背景色，既能够吸引人又能清楚展现系列车型，右侧罗列了3个重要卖点，能直接锁定目标消费者。

○ 同类赏析　　　　　　　　　　　　　▲

该高档护肤品宣传POP海报，为了突出产品的外观和原料，用白色的花草衬托并修饰产品，简洁清晰的设计就让消费者了解萃取的精华原料。

○ 其他欣赏 ○　　　　**○ 其他欣赏 ○**　　　　**○ 其他欣赏 ○**

6.2.3 有效夸张

　　夸张是为了获得某种表达效果，而对事物的形象、特征、作用、程度等方面着意夸大或缩小的设计方式。设计师合理夸张有关内容能够有效吸引客户，更有创意地突出广告主题。下面来看一些实例。

	CMYK 84,83,0,0	RGB 75,44,197		CMYK 9,86,67,0	RGB 233,67,69
	CMYK 4,36,12,0	RGB 245,189,200		CMYK 93,88,89,80	RGB 0,0,0

○ 思路赏析

该商场促销POP海报，为了增大用户黏性，更有效地与客户进行互动，商家特意推出了"扫码有礼"活动，设计师用较为夸张的方式向消费者传递了这一信息。

○ 配色赏析

画面以蓝紫色为背景色，冷色调使暖色调更为突出，互相搭配也能形成反差。红包给活动平添了一份喜庆之感。

○ 设计思考

为了让"扫码有礼"的活动更具刺激性，设计师直接用"红包+人民币"的意象来吸引消费者，层层叠叠的钞票成倍地提高了关注度。

	CMYK 0,83,66,0	RGB 255,75,68
	CMYK 10,0,82,0	RGB 255,253,18
	CMYK 64,0,13,0	RGB 28,213,244
	CMYK 37,27,0,0	RGB 174,183,226

	CMYK 7,6,75,0	RGB 255,238,76
	CMYK 23,94,97,0	RGB 208,46,33
	CMYK 8,21,31,0	RGB 240,211,179
	CMYK 98,100,38,3	RGB 40,39,109

○ 同类赏析 ▲

该火锅店宣传POP海报，以充足的食材为卖点，漫画式的表达方式较为夸张地呈现出食材的美味，配上文案宣传语，十分吸引年轻人。

○ 同类赏析 ▲

该商店打折促销POP海报，以波普风格向大众传递打折的信息，人物夸张的表情配上简洁的文案，接地气的同时，又具有强烈的号召性。

○ 其他欣赏 ○	○ 其他欣赏 ○	○ 其他欣赏 ○

6.2.4 以小见大

要向消费者传递宣传信息和产品概念，并不只有一种直白的表达方式，设计师可选择由点到面，以小见大的方式，在不经意间就让消费者接收到重要的信息。下面一起来了解一下有关例子。

记忆里放风筝
是童年时代
流行的游戏
那些年
那些事

	CMYK 7,10,22,0	RGB 242,232,207		CMYK 58,10,69,0	RGB 120,186,112
	CMYK 44,30,27,0	RGB 158,169,175		CMYK 43,94,100,9	RGB 162,42,7

○ 思路赏析

该六一儿童节推广POP海报，以"我的童年"为主题，通过复古简约的绘画风格来展现美好的童年生活，表达对六一儿童节的美好寄托。

○ 配色赏析

画面以淡黄色为背景色，可以烘托复古怀旧的氛围，然后用红、黄、蓝、绿这样多彩的颜色赋予童年生活活力、美好、多彩。

○ 设计思考

设计师用小朋友常玩的一种游戏——踢毽子，呈现所有人心中的童年回忆，珍贵、细碎、陪伴、无忧无虑，就像一个窗口打开了所有人的时光匣子。

	CMYK 7,9,13,0	RGB 241,234,224
	CMYK 23,32,27,0	RGB 205,180,175
	CMYK 16,63,88,0	RGB 221,122,41

	CMYK 90,70,0,0	RGB 27,81,190
	CMYK 34,19,0,0	RGB 180,201,255
	CMYK 27,31,69,0	RGB 203,178,96

 ○ 同类赏析 ▲

该红酒宣传POP广告，用素描手绘的方式勾勒了古堡式的红酒庄园和运输红酒的马车，有一种宏大的叙事感，让人体会到红酒的悠久历史和品质。

○ 同类赏析 ▲

该房地产宣传POP海报，为了体现中式的风格，只用寥寥几笔便勾勒出宏大的意境，蓝色河谷中一轮圆月，两处金色的房屋，形成高级的配色。

○ 其他欣赏 ○　　　○ 其他欣赏 ○　　　○ 其他欣赏 ○

6.2.5 幽默表达

幽默在人们的日常生活中能够拉近人与人之间的距离，更有技巧地将自己的话语传递给周围的人。若是在设计中运用幽默的表达方式，无论是文案还是图形元素，都能消除消费者的戒备心理，更有利于品牌及产品的宣传。

	CMYK 0,71,92,0	RGB 254,109,0		CMYK 0,54,92,0	RGB 254,148,0
	CMYK 69,67,64,19	RGB 92,81,79		CMYK 4,11,54,0	RGB 255,232,138

○ **思路赏析**

该扫码有惊喜促销POP海报，为了吸引消费者，设计师用卡通形象将整个设计定为幽默、接地气的风格，更易与消费者产生共鸣。

○ **配色赏析**

画面以红、橙两色作为背景，烘托促销活动的火热推进，与金币颜色相呼应，彼此统一。整个画面色调明亮，透露着积极的意义。

○ **设计思考**

用一个卡通人物形象来代表消费者，其兴高采烈的样子表达了对活动的满意，星星眼的漫画表达极具幽默感，让人忍俊不禁。

	CMYK 18,62,91,0	RGB 219,124,34
	CMYK 11,12,56,0	RGB 242,225,133
	CMYK 76,7,90,0	RGB 28,174,75

	CMYK 79,78,79,60	RGB 40,35,32
	CMYK 36,54,65,0	RGB 181,131,94
	CMYK 8,10,84,0	RGB 251,228,36
	CMYK 27,0,4,0	RGB 197,239,253

○ 同类赏析 ▲

某品牌果酱POP广告，将果酱与搭配的吐司拟
人化，配以可爱萌趣的动作和姿势，在一片暖洋
洋的色调中，让人觉得亲和力十足。

○ 同类赏析 ▲

该企业招聘POP广告，设计师绘制了一个以福
尔摩斯为原型的侦探形象，表情滑稽，配以"你
将无处可逃"的文案，让人会心一笑。

○ 其他欣赏 ○　　　○ 其他欣赏 ○　　　○ 其他欣赏 ○

6.2.6 借用比喻法

　　具有相同特性的两个元素互相转化，在点明主题的同时又可以获得一定的艺术效果，这就是借用比喻法。它是一种比较含蓄的表达方式，为很多设计师所用，能够给目标对象意味深长的体验。

	CMYK 0,92,45,0	RGB 255,36,94		CMYK 2,69,9,0	RGB 248,116,166
	CMYK 1,27,21,0	RGB 252,206,193		CMYK 53,72,12,0	RGB 145,93,157

○ 思路赏析

这是某公司的招聘POP海报，为了吸引各种人才的关注度，设计师运用与招聘具有同等性质的狩猎概念来表达求贤若渴的企业经营理念。

○ 配色赏析

整个画面被暖色调充斥，充满生机。桃红、粉红各同色系色彩搭配构成多个层次，表达了多项内容，既统一又不单调。

○ 设计思考

该设计作品的主要图形元素为一只面色威严的狮子，暗喻公司的实力与专业性，而"猎物搜索"的文案，与招聘主题一致，下方罗列了招聘职位供人才查阅。

	CMYK 28,7,0,0	RGB 193,223,249
	CMYK 94,71,50,11	RGB 10,77,104
	CMYK 10,12,60,0	RGB 244,225,122

	CMYK 100,100,56,10	RGB 2,8,106
	CMYK 61,0,53,0	RGB 48,235,164
	CMYK 58,0,17,0	RGB 72,225,241
	CMYK 10,7,83,0	RGB 248,233,46

○ 同类赏析 ▲

该健身运动宣传POP海报，设计师将巍峨的山川与健硕的身姿合二为一进行表达，以此物喻彼物，有强烈的象征意义，能给人留下深刻的印象。

○ 同类赏析 ▲

该房地产宣传POP海报的文案"一开倾城，万众热捧"极具艺术性，配图为庆祝香槟，用孔雀开屏来替代香槟喷洒，表达更热烈、更抽象。

○ 其他欣赏 ○　　**○ 其他欣赏 ○**　　**○ 其他欣赏 ○**

6.2.7 以情托物

以情托物与其他的POP设计表现方式有所不同，是以情感倾向为主来烘托主题，所以一般不以单纯展现主要元素为主，而看重主体与对象不断交流的过程。这样能够最大限度地发挥艺术感染力，与大多数人产生共鸣。

	CMYK 41,50,46,0	RGB 169,136,127		CMYK 32,38,5,0	RGB 188,166,205
	CMYK 64,65,70,18	RGB 103,87,74		CMYK 42,91,100,8	RGB 165,52,8

○ **思路赏析**

该韩式料理宣传POP海报，设计师通过展示招牌料理套餐来吸引食客，整个画面以真实为主要原则，以求获得消费者的好感度。

○ **配色赏析**

画面背景色为茶色，温柔的纯色背景能更好地展示广告语和食物，又不像白色那么冰冷，赋予了画面一丝情感。

○ **设计思考**

设计师没有单纯地展示料理套餐，而选择加入人的气息，用筷子夹菜这个动作为画面赋予人的情感，表达"想吃"的概念。

	CMYK 63,35,0,0	RGB 104,153,230
	CMYK 2,35,62,0	RGB 253,188,104
	CMYK 38,97,100,4	RGB 178,37,17
	CMYK 9,10,12,0	RGB 236,231,225

	CMYK 40,100,78,5	RGB 171,0,55
	CMYK 58,23,100,0	RGB 128,166,31
	CMYK 7,16,0,0	RGB 241,224,242
	CMYK 5,22,82,0	RGB 254,210,51

○ 同类赏析 ▲

该POP海报主要推广的是招牌菜品"红烧肉"。与仅展示美食图片不同，该设计以人与食物的互动作为宣传重点，更能让大众体会到食客的心情。

○ 同类赏析 ▲

该手绘红酒POP宣传海报，其设计的重点并不在红酒的品质上，而是为消费者勾勒出一幅朋友相聚品酒的快乐场景，告诉大家产品能够更好地连接友谊。

○ 其他欣赏 ○　　**○ 其他欣赏 ○**　　**○ 其他欣赏 ○**

6.2.8　设置悬念

　　一般在写文章的时候我们会运用设置悬念的方式激发读者的好奇心，而在POP广告设计上，我们也可以巧用该方式为整个设计增添一些神秘色彩，并与大众进行互动。

	CMYK	96,97,59,43	RGB	24,27,58		CMYK	87,83,53,21	RGB	51,56,85
	CMYK	58,0,22,0	RGB	46,239,238		CMYK	58,7,0,0	RGB	96,200,253

○ 思路赏析

这是科技创想节的宣传POP海报，设计师用笼统的概念进行宣传，比起介绍复杂而繁多的科技产品，这种有留白的、可以想象的设计，更能激发大众的好奇心。

○ 配色赏析

画面以深蓝色为底色，设置一个可探索的留白空间，与蓝绿色对比，凸显出画面的科技感和未来感，冷色系的搭配为设计赋予了高级感。

○ 设计思考

设计师善用几何图形，创造了一种数字和逻辑的概念，与科学概念相符合，当然也更加抽象，给了大众一定的想象空间。

	CMYK 0,0,0,0	RGB 255,255,255
	CMYK 72,64,61,14	RGB 88,88,88
	CMYK 0,93,89,0	RGB 255,34,22

	CMYK 67,10,46,0	RGB 78,181,160
	CMYK 16,71,18,0	RGB 223,106,151
	CMYK 41,0,13,0	RGB 150,243,248
	CMYK 72,71,74,38	RGB 70,61,54

○ 同类赏析 ▲

该人才招聘POP广告用问句的表达方式传递对人才的需求信息。模糊人才的脸，用问号代替，能够唤起大众的好奇心，进而提高关注度。

○ 同类赏析 ▲

与直接宣传绘画培训不同，设计师为"寻找小画家"的题目预置了一定的留白空间，搭配契合主题的插画，让主题更生动。

○ 其他欣赏 ○　　**○ 其他欣赏 ○**　　**○ 其他欣赏 ○**

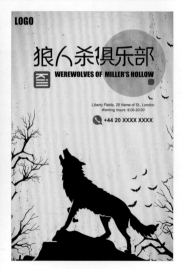

第 7 章

POP广告案例赏析

学习目标

商品品类各式各样，不同行业也有不同的宣传风格，如餐饮类接地气，美妆类较高端，商业活动风格内敛……设计师作为专业人士需要熟悉并灵活运用各种设计方式。本章通过下面的内容来大致介绍一些常见的POP设计品类，以便为设计打下基础。

赏析要点

餐饮美食类POP广告
饮料类POP广告
文化生活类POP广告
美容美发类POP广告
服装类POP广告
珠宝首饰类POP广告
手表类饰品POP广告
新品发布类POP广告

7.1 娱乐生活主题POP广告

　　以吃喝玩乐为主题的POP设计在日常生活中十分常见，风格也都差不太多，多以暖色调为主，展现活力与生活气息，以与大众产生某种共鸣。当然在具体设计时，每个POP设计的主题和展示的内容有所不同，需要设计师具体分析，进行艺术性加工。

7.1.1　餐饮美食类POP广告

　　俗话说："民以食为天。"餐饮行业的POP广告是被大众接受度最高的广告，这类POP广告多以展示招牌菜品、特价菜品及新品为主题。因此，如何用图片和色彩渲染美味，是设计师必须思考的问题。下面来了解一些有趣的例子。

	CMYK	68,43,19,0	RGB	97,136,179		CMYK	3,72,95,0	RGB	244,104,6
	CMYK	2,37,85,0	RGB	255,183,37		CMYK	89,80,15,0	RGB	52,71,148

○ 思路赏析

该过桥米线产品以海鲜为主要辅料，为了体现产品的卖点，设计师在POP广告中对料理展示效果进行了夸张处理，因此可以给食客留下深刻的印象。

○ 配色赏析

画面以蓝色为背景，用冷色调来衬托暖色调。橙红色的汤底和食材属于高饱和度，能够激发食客的食欲。

○ 设计思考

为了展现主要的食材及其新鲜度，设计师用跳跃的鱼为画面营造动感，既增强了画面的吸引力，又形象地展示了主题。

	CMYK 3,34,84,0	RGB 253,187,41
	CMYK 0,96,81,0	RGB 251,6,40
	CMYK 50,100,41,0	RGB 157,3,99
	CMYK 0,0,0,0	RGB 255,255,255

	CMYK 93,89,78,72	RGB 7,10,19
	CMYK 79,70,56,16	RGB 71,77,91
	CMYK 0,55,82,11	RGB 228,103,42
	CMYK 38,100,100,0	RGB 179,0,0

◎ 同类赏析 ▲

该快餐店汉堡套餐宣传POP广告以手机屏幕为窗口，将汉堡所用原料依次展示出来，整个画面的重点层次分明，一清二楚。

◎ 同类赏析 ▲

为了更好地展示小龙虾的特征，设计师在该POP广告的左下区域勾勒出龙虾钳形状，并透过该形状展示了各色香料及菜品，红黑两色对比更加醒目。

◎ 其他欣赏 ◎　　**◎ 其他欣赏 ◎**　　**◎ 其他欣赏 ◎**

7.1.2 饮料类POP广告

饮品店宣传POP广告应以接地气为基本设计原则，在宣传具体饮品时应多展示其主要原料和口味，尽量找到其独特性，这样才能得到目标消费者的青睐，达到宣传的目的。具体可看以下一些例子。

| | CMYK 26,0,13,0 | RGB 200,236,234 | | CMYK 67,76,82,47 | RGB 71,49,38 |
| | CMYK 65,25,76,0 | RGB 103,159,94 | | CMYK 75,56,47,2 | RGB 83,109,122 |

○ **思路赏析**

该冷萃咖啡POP广告以清新时尚为基本风格，定位准确。对于很多上班族来说，这样一款冰爽可口的饮料极具吸引力。

○ **配色赏析**

为了在夏日的炎热中带给消费者冰爽的体验，画面以浅蓝色作为背景色，搭配白色文案，有很大的留白空间。

○ **设计思考**

冷萃咖啡是近几年兴起的新品咖啡，对于追求冰爽感的消费者非常实用。该广告将咖啡豆和冰块稍加展示，既简单又高级，没有刻意的廉价感。

	CMYK	20,76,78,0	RGB	213,94,60
	CMYK	58,13,100,0	RGB	126,180,6
	CMYK	56,9,45,0	RGB	123,192,161
	CMYK	13,11,48,0	RGB	235,225,153

◇ 同类赏析 ▲

该果汁饮料POP广告将果肉作为宣传点，既宣传了产品用料足，又能直接告知品类。单品价格用橙底白字单独呈现，信息传递直接有效。

	CMYK	48,81,100,16	RGB	142,68,19
	CMYK	38,97,100,4	RGB	175,37,24
	CMYK	52,3,100,0	RGB	143,200,1
	CMYK	18,5,0,0	RGB	218,234,250

◇ 同类赏析 ▲

该POP广告在啤酒瓶后一隅展示了冰水、柠檬和菠萝等元素，勾勒出了产品的复杂口味，极具艺术性的文字风格与街边小店十分契合。

◇ 其他欣赏 ◇　　　**◇ 其他欣赏 ◇**　　　**◇ 其他欣赏 ◇**

7.1.3 瓜果食材类POP广告

　　瓜果食材是日常消费品，能够丰富大家的生活。对食材进行宣传最好从展示效果入手，尽量真实地展现食材的基本品质，并让大众觉得这种食材新鲜可口。所以设计时最好以食材本身为主体，不要过多添加修饰元素，否则就会有画蛇添足之感。

	CMYK 62,62,67,12	RGB 114,96,82		CMYK 5,4,5,0	RGB 245,244,242
	CMYK 23,45,61,0	RGB 208,155,105		CMYK 21,32,38,0	RGB 211,181,157

○ 思路赏析

该美味的韩式菇促销POP广告，为了体现食材的质感和真实感，设计师用最朴素的呈现方式来获得消费者的信赖。

○ 配色赏析

为了契合食材本身的颜色，画面将淡棕色作为背景色，给人一种高级上档次的感觉。白色文案清晰地展示在画面中，干净简练。

○ 设计思考

文案与图片按比例呈现，互相补充，完整地传递出产品信息。产品按顺序陈列在木质盘中，给人的印象非常整洁，能满足消费者对食品安全的需求。

	CMYK 88,83,83,73	RGB 15,15,15
	CMYK 68,43,24,0	RGB 96,135,171
	CMYK 40,98,92,6	RGB 170,34,44
	CMYK 81,50,100,15	RGB 56,102,0

	CMYK 93,88,89,80	RGB 0,0,0
	CMYK 0,95,84,0	RGB 255,11,33
	CMYK 64,23,100,0	RGB 110,162,18

○ 同类赏析 ▲

该新鲜水果促销POP广告，设计师在画面中营造出月冷风清的夏日环境，颗粒饱满的葡萄呈现在其间，为日常生活增添了一份美好。

○ 同类赏析 ▲

该新鲜柚子促销POP广告，设计师用同音字替换将水果产品名称放进宣传语中，黑色的背景将颗粒饱满的橙红色果实更加完美地展现了出来。

○ 其他欣赏 ○　　○ 其他欣赏 ○　　○ 其他欣赏 ○

7.1.4 休闲娱乐类POP广告

休闲娱乐的种类非常多，购物、旅游、运动和聚会等都属于日常休闲的一部分。对相关活动进行宣传时，设计师应该抓住活动或服务的特性，如购物人群划分、旅游景点环境以及运动项目的积极意义等，以此为设计思路设计作品。

	CMYK 76,70,67,32	RGB 66,66,66		CMYK 45,64,87,4	RGB 158,106,56
	CMYK 43,38,32,0	RGB 161,155,159		CMYK 12,9,6,0	RGB 230,231,236

○ 思路赏析

该茶馆的宣传POP广告，主题是"人生如茶"。设计师通过营造静谧悠远的氛围，重点宣传了品茶的益处，所以整个画面既简单又有层次。

○ 配色赏析

画面以灰色为底色，用深色的物件、文案构建出一个中性色世界，黑色、深棕和灰色3色搭配为画面营造出极强的传统和庄重感。

○ 设计思考

设计师用简单的茶具摆件和缥缈的水汽，营造了一种悠闲、淡然的品茶环境，加上雅致的文案"邀君品茶，茶友沙龙"以吸引目标对象。

	CMYK 5,21,87,0	RGB 254,211,18
	CMYK 63,46,98,4	RGB 115,126,50
	CMYK 0,36,18,0	RGB 253,189,189
	CMYK 33,0,9,0	RGB 181,231,242

	CMYK 5,31,20,0	RGB 243,196,190
	CMYK 18,9,2,0	RGB 218,227,242
	CMYK 1,54,67,0	RGB 251,149,83
	CMYK 7,12,73,0	RGB 252,227,82

○ 同类赏析 ▲

该旅游公司的宣传POP广告，以西安景点大雁塔为设计元素，手绘插画使标志景点极富浪漫气息，饱和度高的颜色搭配让人对户外景色充满向往。

○ 同类赏析 ▲

该春季商场促销POP广告以女性消费者为目标对象，所以用女模特来展示两种不同的购物卡，浅粉、浅蓝的色调能够很好地表达春天的氛围。

○ 其他欣赏 ○　　**○ 其他欣赏 ○**　　**○ 其他欣赏 ○**

7.1.5 文化生活类POP广告

对于一部分人群来说，追求艺术活动对其具有很大的意义，而面对这类人群宣传有关文化活动，需要提高设计作品的艺术性，赋予画面高级的美感，这样才能更贴切地展示艺术活动的价值。

	CMYK 22,85,10,0	RGB 212,67,146		CMYK 67,70,8,0	RGB 113,91,164
	CMYK 96,100,66,55	RGB 19,8,42		CMYK 9,27,77,0	RGB 244,199,70

○ **思路赏析**

该音乐节POP广告，以梦幻、前卫、时尚为主题，设计师利用色彩和光影效果，打造了一个唤醒激情的视觉印象。

○ **配色赏析**

画面用深蓝色作为背景色，将迷幻光影的美，红、黄、绿各色元素分散在画面中，带来了律动感。

○ **设计思考**

设计师将音乐节活动名放在最中间，其光感效果能够最大限度地吸引音乐爱好者，几何图形元素展示出活动本身的潮流性。

	CMYK 0,0,0,0	RGB 255,255,255
	CMYK 74,76,0,0	RGB 99,76,180
	CMYK 16,35,7,0	RGB 222,182,206
	CMYK 91,100,62,34	RGB 48,9,66

	CMYK 100,100,57,11	RGB 13,17,98
	CMYK 6,9,55,0	RGB 252,234,136
	CMYK 74,100,39,3	RGB 103,33,103
	CMYK 40,0,21,0	RGB 152,250,233

○ 同类赏析

该瓷器展览POP广告为了体现产品悠久的文化意境，用特殊的彩绘方式绘制了一个细长的瓷瓶，包罗万象，颜色搭配层次分明，又显高级。

○ 同类赏析

该航天科技展宣传POP广告用深蓝色营造出无尽深邃的太空，黑暗中绚丽的"星系元素+宇航员"契合了"漫步太空"的主题，让人非常向往。

○ 其他欣赏 ○　　**○ 其他欣赏 ○**　　**○ 其他欣赏 ○**

深度解析 甜品类POP广告

本小节我们将赏析吃喝玩乐方面的作品，并深度解析几个精彩的案例。

该POP广告是某甜品店的促销海报，主要向大家推销店内的草莓甜点。广告用图片真实地展示出精美的点心，象征精致的生活，极易得到消费者的认同。

	CMYK 3,15,7,0	RGB 248,228,229		CMYK 5,93,93,0	RGB 240,43,26
	CMYK 44,20,76,0	RGB 166,183,89		CMYK 0,80,59,0	RGB 248,86,83

○ 内容赏析

该画面左下角展示了店家招牌甜点之一，用白瓷盘盛放，鲜艳的红色与纯洁的白色对比，更显食物诱人可口。而摆盘的方式整齐干净，给人一种完满、美好的感觉。设计师直接对甜品本身进行展示，是显示商家自信心的一种方式，同时也能获得消费者的信赖。

○ 配色赏析

由于促销甜品都以草莓为原料制作，所以整个设计的主题色为粉红和鲜红。温柔可爱的粉色作为画面背景色，能够更好地呈现饱和度更高的鲜红与绿色，而这样的颜色对追求浪漫的消费者来说是难以拒绝的。草莓原色点缀在其间，为画面注入了活力。

○ 内容赏析

该设计的主题文案为"草莓庆典"，用英文表达，整体风格轻松可爱，颜色选择上也与草莓颜色一致，保证了设计的统一性。左侧的草莓布丁填补了画面空白区域，为消费者提供了更多的产品信息。

○ 结构赏析

该设计在结构上采用散点法，并没有所谓的重心，而是尽可能多地展示店内的招牌甜点，彼此留有足够的空间，整个画面看上去随意自然，给人一种轻松惬意的感觉。

7.2　仪容修饰POP广告

经济发展后，人们对仪容修饰的重要性便更加重视了，各类仪容修饰产品不断涌现，包括洗发水、护肤品、彩妆产品、服饰、金银饰品等。那么，如何展现这些产品的吸引力呢？

7.2.1 美容美发类POP广告

对于美容美发类产品来说，由于市场完全成熟，同类可替代产品太多，所以在进行促销时，需要找到主打卖点以吸引消费者，而且很多时候还不能只有一个卖点，并在POP广告中尽可能展示这些卖点的同时，注意产品的格调，体现高端感。

| | CMYK | 52,56,0,0 | RGB | 143,122,213 | | CMYK | 60,98,37,1 | RGB | 134,37,106 |
| | CMYK | 6,17,37,0 | RGB | 246,220,171 | | CMYK | 14,32,15,0 | RGB | 225,188,196 |

○ 思路赏析

该精油化妆品促销POP广告，主打植物萃取，用唯美的画面隐喻化妆品温和的属性，且能为消费者的肌肤带来美妙的体验。

○ 配色赏析

该产品提取物为薰衣草，所以整个画面主色调为紫色，通过对同色系不同颜色的展示，整个画面呈现出浪漫和梦幻的氛围。

○ 设计思考

画面中间为被薰衣草包围的精油产品，产品与原料互相衬托，极具协调美。旁边用文字标注了"300ML+"，比起直接说明产品容量，"+"更能体现产品的实惠。

	CMYK 85,83,89,74	RGB 19,14,8
	CMYK 6,98,90,0	RGB 237,1,31

	CMYK 24,98,82,0	RGB 206,30,50
	CMYK 4,6,27,0	RGB 252,243,202

○ 同类赏析　▲

该发廊促销宣传POP广告用漫画素描的表现形式展现潮流发型，更能塑造每一缕头发的造型感。红黑两色对比，极具视觉冲击力。

○ 同类赏析　▲

该口红产品宣传POP广告以口红色号作为主色调，整个画面都在渲染一种大气的红色，用水润的红樱桃展示口红的涂抹效果，十分吸引人。

○ 其他欣赏 ○　　　**○ 其他欣赏 ○**　　　**○ 其他欣赏 ○**

7.2.2 服装类POP广告

服装类产品往往以体现消费者的审美观和个人风格的方式进行促销活动。设计师重点可放在3点上，一是价格，二是季节，三是消费群体，只要把握住这3个基本重点，就能厘清设计思路，达到宣传目的。

	CMYK 41,100,100,8	RGB 167,1,5		CMYK 0,92,83,0	RGB 253,38,36
	CMYK 4,9,48,0	RGB 255,236,153		CMYK 12,12,12,0	RGB 230,225,221

○ **思路赏析**

春节期间商场的服装促销POP广告最重要的是营造新年的喜庆氛围，这样有利于激发消费者消费热情，达到促销目的。

○ **配色赏析**

画面契合新年主题，以红色为主色调，在其间点缀金色，彼此搭配构成富贵祥和的画面，在商店整个空间内十分得宜。

○ **设计思考**

设计师用福字、云纹、烟花等元素契合新年这个特殊的时间点，用"新年衣始"这样的同音字替换点名促销的主要产品，十分巧妙。

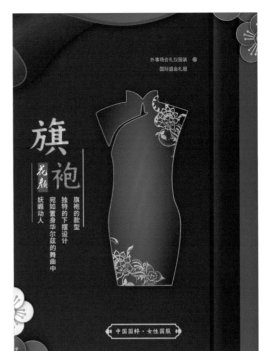

	CMYK 73,91,82,68	RGB 43,12,18
	CMYK 42,34,81,0	RGB 169,162,74
	CMYK 30,63,61,0	RGB 194,118,94

	CMYK 45,100,100,14	RGB 153,19,18
	CMYK 11,23,73,0	RGB 240,204,84

○ **同类赏析** ▲

该品牌运动鞋POP广告以年轻人为消费群体，文案设计为"年轻 就要造"精准俘获年轻人的心理，破裂的地面充分地展示了年轻人的力量。

○ **同类赏析** ▲

由于旗袍的特殊性，设计师特意在设计中添加了中国元素，让人感受到中国风的别样美丽，红黄两色搭配既经典又大气。

○ **其他欣赏** ○　　　○ **其他欣赏** ○　　　○ **其他欣赏** ○

7.2.3 珠宝首饰类POP广告

珠宝首饰作为奢侈品一类的商品，不像生活必需品那么接地气，一般都是走奢华、高档的销售路线。该类POP广告的风格应与产品格调一脉相承，凸显质感与产品材质特征，如钻石、珍珠、翡翠等不同的纹理和光泽。

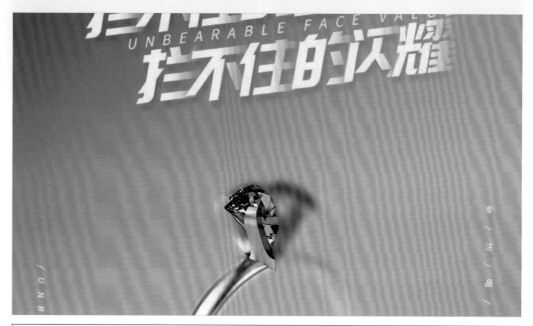

	CMYK 21,34,55,0	RGB 214,177,122		CMYK 32,26,0,0	RGB 187,190,255
	CMYK 69,62,0,0	RGB 106,103,194		CMYK 4,0,1,0	RGB 248,255,255

○ 思路赏析

这是某品牌新款钻戒的宣传POP广告，商家将卖点放在钻石的闪耀度上，充分抓住女性顾客的心理，将钻石抽象的美更明显地表达出来。

○ 配色赏析

整个画面以香槟色为主题色，呈现了一种高雅奢华的氛围感。字体为白色，在较深的背景上清晰可见，而蓝色钻石这一抹明亮的色彩为整个画面增色不少，成了整幅设计的眼睛。

○ 设计思考

为了搭配文案"挡不住的闪耀"，设计师将新款钻戒的一半模糊处理，另一半露出，但仍然难掩其璀璨的光芒。

情人節感恩款

Inspired by Nature's Beauty

一切源於自然

天然海水珍珠首饰

STARBUCKS

	CMYK	5,37,10,0	RGB	243,186,201
	CMYK	1,35,44,0	RGB	252,190,143

	CMYK	42,78,90,5	RGB	166,82,48
	CMYK	52,45,71,0	RGB	143,136,90
	CMYK	10,15,16,0	RGB	234,221,212

○ 同类赏析 ▲

该情人节特别销售POP广告，设计师从产品设计上得到灵感，以花朵为主要元素，用以衬托产品，赋予产品自然之美，整体色调也温和唯美。

○ 同类赏析 ▲

为了体现珍珠饰品的光泽度，设计师加入了丝绸元素，围绕产品，尽显丝滑，两物互相映衬加深了消费者的体验。

○ 其他欣赏 ○   ○ 其他欣赏 ○   ○ 其他欣赏 ○

深度解析 手表类饰品POP广告

　　本小节我们对修饰类POP广告进行了展示和赏析，下面再以一个精彩的案例，对手表类饰品的POP广告进行深入介绍，体会设计师的巧妙想法。

　　该设计广告是七夕节特制海报，目的是帮助商家营造七夕浪漫氛围，提高销量，所以广告内容紧紧围绕七夕节，设计的重点是产品的呈现和氛围的烘托。

██████	CMYK 93,88,86,77	RGB 0,3,6	████	CMYK 92,73,18,0	RGB 27,80,150
██████	CMYK 5,95,81,0	RGB 240,29,44	████	CMYK 13,38,61,0	RGB 230,175,108

▷ ○ 结构赏析

作为七夕节的促销产品广告，设计师将重点放在了情境设计上，所以整体结构较为简单，以中轴线为基准，将主题文案、产品、广告语都放在了画面中间。不过，为了画面结构不那么死板，设计师用了散点法，用飘零的花瓣打破了死板的结构，带来了飘逸和浪漫之感。

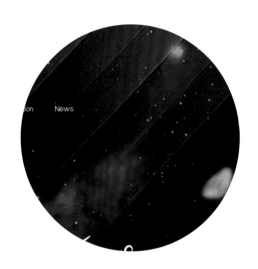

◁ ○ 配色赏析 ▷

为了契合浪漫诗意的节庆氛围，设计师用黑色、深蓝、桃红三色搭配出一个梦幻的七夕之夜，不同色调的蓝色在黑色的背景之上呈现不同的光泽，深深浅浅，有繁星闪烁的效果。桃色的花瓣在深色调间不显俗气，反而带来了一丝温度。

◁ ○ 内容赏析

这款精美腕表是七夕特定款，其表面是七夕特供图案，一幅牛郎织女相聚的剪影图，有留白，给予了大众一定的想象空间。设计师将其清晰地展示在画面正中，并设计蓝色的光圈重点标注，以锁定消费者的目光。

◁ ○ 内容赏析 ▷

该设计的文案信息可分为3个部分，英文样式、中文主题、广告语层层递进，从"情定七夕"到"花好月圆夜"，浪漫情调增加，而英文的华丽形状在画面中也具有一定的修饰性。

7.3 商业主题POP广告

POP广告作为商业活动的一环，本身就自带商业性，而在促销、新品发布这些活动上，往往能看到POP广告摆放其间。在特殊时间、特殊场合，要体现商业性，设计师就必须抓住设计重点，促销就要看重价格，新品发布就要重点展示产品。

7.3.1 商业促销类POP广告

从POP广告的使用频率来看，商业促销类广告可以说占据了"半壁江山"。由于目的性明显，时间期限短，所以大多设计师都将重点放在价格和时间上。这两个重要信息都必须通过广告画面传递给消费者，因此设计上更要夺人眼球。

| | CMYK | 42,0,9,0 | RGB | 155,228,245 | | CMYK | 0,58,91,0 | RGB | 255,139,0 |
| | CMYK | 61,13,73,0 | RGB | 111,179,102 | | CMYK | 15,93,100,0 | RGB | 222,45,12 |

○ 思路赏析

该夏日防晒霜促销POP广告，为了完美表达夏日"味道"，设计师从环境营造和色调搭配入手，让产品与设计元素能够完美融合。

○ 配色赏析

浅蓝色的大海，金黄的海边沙滩，还有点缀其间的红、绿色海边生物，这一切都给大家留下了夏日初印象——活力、炎热、多彩。

○ 设计思考

设计以海边为背景，与夏日的休闲活动契合，同时又是不得不防晒的场所，正好给了产品促销的平台，打出"高倍防晒"的标语，可以直接吸引消费者。

	CMYK	43,69,0,0	RGB	222,80,250
	CMYK	56,0,32,0	RGB	7,255,221
	CMYK	2,28,59,0	RGB	255,202,114
	CMYK	34,0,11,0	RGB	170,251,252

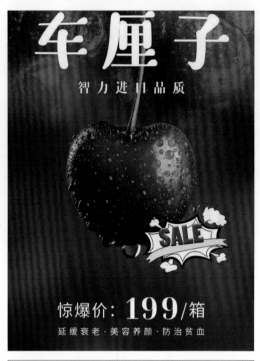

	CMYK	36,100,100,3	RGB	181,0,22
	CMYK	0,0,0	RGB	255,255,255
	CMYK	14,0,70,0	RGB	241,246,92

○ 同类赏析 ▲

设计师用渐变彩色来呈现夏日的绚丽，"夏日嘉年华"几个大字在画面正中非常吸引消费者的注意力，让人感受到夏季促销活动的隆重和盛大。

○ 同类赏析 ▲

该进口车厘子促销POP广告中，车厘子作为人气水果，设计师没有花多余的笔墨，直接展示饱满的果实，辅之"惊爆价"文案就能吸引消费者了。

○ 其他欣赏 ○	○ 其他欣赏 ○	○ 其他欣赏 ○

7.3.2 新品发布类POP广告

对企业和商家来说举办新品发布会是一次重要的活动，是联络、协调与客户之间相互关系的一种必要手段。当然推出新品，企业的宣传攻势不能少，在线下门店、商场摆放POP广告是业界常识。设计师除了按企业需要进行创意设计外，还要懂得把握消费者的好奇心，直白未必能达到最好的目的。

| | CMYK | 94,91,82,75 | RGB | 0,0,10 | | | CMYK | 0,0,0,0 | RGB | 255,255,255 |
| | CMYK | 82,99,0,0 | RGB | 88,0,159 | | | CMYK | 16,83,0,0 | RGB | 236,60,171 |

○ **思路赏析**

该品牌手机的新品发布POP海报，设计师主要利用光线元素，以此体现该手机产品的科技感和未来感。

○ **配色赏析**

设计师运用深邃的黑色作为画面背景色，带有商业和科技的气息，体现了企业的格调。用紫色和梅红色点亮了整个画面，形成了视觉焦点。

○ **设计思考**

该POP广告以"5G"为宣传卖点，设计师通过围绕的光线将其重点标出，夸张的字形能快速吸引消费者眼球；简单的文案信息，让消费者不会漏掉关键信息。

	CMYK	88,53,63,9	RGB	13,102,98
	CMYK	58,8,19,0	RGB	107,196,214
	CMYK	15,34,69,0	RGB	229,182,92
	CMYK	69,3,37,0	RGB	51,190,183

	CMYK	82,63,0,0	RGB	53,94,248
	CMYK	1,69,47,0	RGB	249,114,110
	CMYK	49,0,15,0	RGB	100,249,254
	CMYK	45,70,0,0	RGB	222,72,255

◎ **同类赏析** ▲

国潮产品上新，设计师抓住产品特色，以古朴深邃的蓝青色为底色，加入中国风元素，用楷书书写主题文案，在一众新品发布中别具一格。

◎ **同类赏析** ▲

设计师没有直接展示新产品，而用文案替代，更容易引起消费者的好奇心，多彩的颜色搭配对于调动客户积极性有正面影响。

◎ **其他欣赏** ◎　　◎ **其他欣赏** ◎　　◎ **其他欣赏** ◎

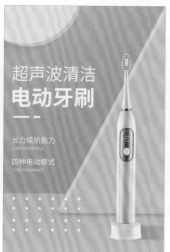

深度解析 购物节POP广告

本小节以商业广告为主题，对有关POP广告进行赏析。而购物节作为重大的商业活动，自然成为商业POP广告设计的重点领域，下面来看一个精彩的案例。

该POP广告是"618"狂欢节的宣传海报，主要向大家隆重推出购物促销活动，线上线下一起发力，将优惠提高到最大，所以设计偏向绚丽风格。

CMYK 13,91,0,0	RGB 231,27,150		CMYK 47,6,0,0	RGB 139,210,252
CMYK 26,10,47,0	RGB 206,216,155		CMYK 10,18,79,0	RGB 244,213,63

◄ ○ 内容赏析

为了更好地向消费者传递必要的活动信息，设计师将3个惊喜活动内容横排排列，并用"惊喜一""惊喜二""惊喜三"这样的表达编好顺序，减少阅读难度。为了能清楚地展示文案，设计师特意设计了透明的方形边框，以帮助大众锁定视线。

○ 配色赏析 ►

宣传大型购物节，渲染氛围非常重要，而色彩元素又是营造氛围的"利器"。设计师以粉色和紫色为主题色，让整个画面变得明朗、浪漫，足够绚丽也足够温和，再加上一些其他元素点缀，画面非常饱满，有足够的吸引力。

◄ ○ 内容赏析

画面下方正中的位置设计了一幅插图，是一个购物的年轻姑娘，十分欢欣雀跃，拎着五个购物袋，显示出购物的快乐和意义，对消费者是一种情绪暗示，也是一种鼓舞。

○ 内容赏析 ►

为了让主题显得与众不同，设计师首先从颜色对比入手，每个数字都用了两种颜色来表达，且比例适宜，让另外一种颜色起到点缀作用，不会喧宾夺主。

7.4 其他类型的POP广告

　　对于其他常见的销售产品和需求服务，其POP广告也各有特色。如家电类POP广告重在突出功能与价格，招聘POP广告重在传递人才关注的薪资和发展内容等信息，招生POP广告便要想方设法激发适龄学生的兴趣……

7.4.1 家电类POP广告

　　所谓家电类产品一般指冰箱、电视、吹风机和扫地机等功能性产品，对大众的生活能产生积极影响。所以，设计师想要增强家电产品POP广告的促销效果，最好从产品功能和品牌出发，这样可以得到目标消费者更多的信赖。

	CMYK	14,90,81,0	RGB	223,56,50		CMYK	39,31,30,0	RGB	169,169,169
	CMYK	0,0,0,0	RGB	255,255,255		CMYK	83,79,68,48	RGB	43,43,51

○ 思路赏析

该无线音箱宣传POP广告，以简约时尚为主要风格，产品属于奢侈类家电，并不是每个家庭必备的产品，设计师主要通过产品的外观来吸引目标消费者。

○ 配色赏析

以灰色为整体色调，中性色彩显示出设计的专业、冷静性。红色音箱在灰色背景的衬托下十分醒目，并与红色文案互相呼应，精简的颜色运用提升了产品的档次。

○ 设计思考

产品目标受众定位为年轻一代消费者，所以注重整体感觉，包括"外观+功能+理念"，立体和全方位地展示产品，并将卖点大写标出，给消费者带来了较大的视觉冲击力。

	CMYK	84,80,78,64	RGB	29,27,28
	CMYK	11,16,31,0	RGB	235,219,185
	CMYK	0,0,0,0	RGB	255,255,255

	CMYK	78,34,3,0	RGB	5,146,215
	CMYK	88,89,57,34	RGB	45,42,69
	CMYK	50,44,41,0	RGB	144,140,139

○ 同类赏析 ▲

该吸尘器新品促销POP广告从消费者的角度出发，设计师用"强效动力"来提高吸引力，黑白两色对比，无论是宣传文案，还是新品价都格外突出。

○ 同类赏析 ▲

该美的品牌燃气灶宣传POP广告，充分发挥品牌的力量，将品牌logo放在右上方，然后对燃气灶的几大优势进行罗列，足够吸引人。

○ 其他欣赏 ○　　　○ 其他欣赏 ○　　　○ 其他欣赏 ○

7.4.2 招生招聘类POP广告

招生或招聘类POP广告不是向大众推销产品，而是传递一种需求和服务信息，这种宣传更加抽象。为了清楚表达有关内容，设计师应该利用好文案和图形元素，围绕重点进行表达。

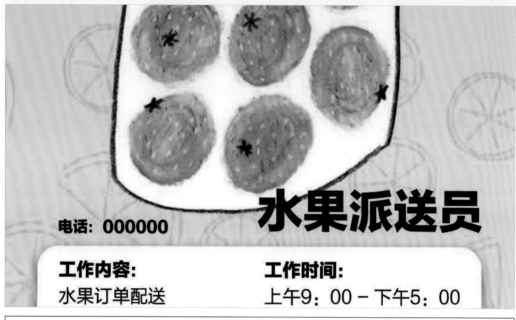

	CMYK	16,31,90,0	RGB	230,186,29		CMYK	9,2,86,0	RGB	252,241,1
	CMYK	92,86,89,78	RGB	0,5,0		CMYK	8,38,91,0	RGB	244,177,10

○ **思路赏析**

该水果店暑假兼职招聘广告。由于兼职工作都是短期且门槛不高的工作，所以POP广告也不用走高大上路线，简单明了再有点特色就已经足够了。

○ **配色赏析**

由于是水果店的POP广告，所以，设计师用鲜黄色这样高饱和度的颜色作背景色，给人鲜明的印象。设计图形是相近的橘黄色，整体色系统一，让人有活力满满的感觉。

○ **设计思考**

主要设计元素就是一袋橘子，用手绘的方式呈现非常有个性，用黑色字体介绍工作内容、时间，简洁直接，一目了然。整个POP广告可爱与简洁风格并存。

	CMYK 82,77,76,57	RGB 37,37,37
	CMYK 4,20,67,0	RGB 254,215,98
	CMYK 19,14,14,0	RGB 214,214,214

	CMYK 19,95,88,0	RGB 214,40,42
	CMYK 93,88,89,80	RGB 1,1,1
	CMYK 31,71,100,0	RGB 192,99,22

◎ 同类赏析　　　　　　　　　　　▲

该企业招聘的POP海报抓住了现代工薪族的痛点，用黄底黑字重点展示"只谈钱"部分文案，从薪资入手吸引目标人群，直接有效。

◎ 同类赏析　　　　　　　　　　　▲

为了表明企业现代的用人观念，设计师用红色字体来展现招聘宣言，可给有关人士带来视觉刺激，配上代表力量的插图起到暗示作用。

◎ 其他欣赏　　　**◎ 其他欣赏**　　　**◎ 其他欣赏**

7.4.3 通知提示类POP广告

通知和提示类POP广告在商场与商店非常常见，其虽然与商业活动关系不大，却能维持商店的正常运转，所以也不能忽视。该类型的POP广告，最重要的是突出主要的文字信息，最好使用纯色背景，让文字信息不受干扰。

	CMYK 43,24,34,0	RGB 161,178,168		CMYK 5,12,57,0	RGB 254,229,129
	CMYK 27,5,41,0	RGB 203,223,172		CMYK 6,56,29,0	RGB 241,144,151

○ **思路赏析**

为了在书店营造一个良好的阅读环境，商家也要进行一些基本的宣传，比如爱护书籍、保持安静等，这些带有提示性的内容应多以文字进行表达。

○ **配色赏析**

该POP广告以墨绿色为背景色，纯色背景能完整地表达文字信息。周围用紫、粉、橙和绿各色点缀，选择饱和度较低的色彩，画面更加温和，与书店的环境相契合。

○ **设计思考**

设计师设计了一块黑板的图像，整个画面像黑板报一样，能让学生群体感到亲切与熟悉，也能顺利传递有关信息。

CMYK 39,100,100,5	RGB 174,22,17
CMYK 0,2,0,0	RGB 255,252,255
CMYK 4,14,41,0	RGB 252,228,166

CMYK 91,66,17,0	RGB 7,92,159
CMYK 81,42,5,0	RGB 9,132,202
CMYK 1,0,0,0	RGB 253,253,253

○ 同类赏析 ▲

为了在疫情期间顺利开展商业活动，商场也会做防疫宣传。该商场用红底白字宣传防疫基本步骤，既有视觉冲击力，又能保证图文清晰。

○ 同类赏析 ▲

为使同市居民能够在寒潮来临之际做好防寒准备，特意进行宣传提示。该POP以蓝色为底色，加上冰山元素，向大众传递寒冷的有关信息。

○ 其他欣赏 ○　　**○ 其他欣赏 ○**　　**○ 其他欣赏 ○**

7.4.4 房地产宣传类POP广告

　　房地产与普通商品不一样，属于大额消费品，客户往往有非常多的要求，且会根据自己的需求寻找对应的房产项目。设计师最好的宣传方式就是突出房产项目的卖点，如中式、欧式、邻水、带花园等。

■■■■	CMYK 88,78,60,32	RGB 39,56,72		CMYK 64,47,41,0	RGB 110,128,138
■■■■	CMYK 93,84,70,57	RGB 16,30,41		CMYK 69,47,31,0	RGB 96,127,155

○ 思路赏析

该写字楼POP广告比起商品房更加商业化。由于不是住宅区，所以设计师要重点体现商业性特征，设计冷静、克制、专业。

○ 配色赏析

整个画面色调为蓝灰色，文案为黑色，风格大气、意境深远，铺垫了商业世界的严肃、冷峻，不会显得浮夸。

○ 设计思考

设计师用几何形状凸显科技感和未来感，散点式的结构给画面增添了几分律动感，放大比例的正方体让在其间穿梭的人有渺小之感，这些共同形成了一种视觉冲击力，能在不知不觉间吸引客户。

	CMYK	11,67,30,0	RGB	231,118,138
	CMYK	33,10,52,0	RGB	190,209,145
	CMYK	13,12,12,0	RGB	227,223,220

	CMYK	13,16,19,0	RGB	228,216,204
	CMYK	40,13,30,0	RGB	169,201,188
	CMYK	97,82,0,0	RGB	10,62,164
	CMYK	42,99,90,7	RGB	166,31,45

○ 同类赏析 ▲

该POP广告格调清新自然，目的是突出中式别墅的意境美。用远山、鲜花绿叶和中式屋檐勾勒的图形元素，点缀画面，突出了房产卖点。

○ 同类赏析 ▲

该插画风格的地产创意POP广告，设计师对色彩的运用十分大胆，用饱和度较高的蓝色与红色搭配，色差给人亮丽明媚的感觉，十分吸引人。

○ 其他欣赏 ○　　**○ 其他欣赏 ○**　　**○ 其他欣赏 ○**

7.4.5 香水类POP广告

香水就像一件无形的衣服一样，体现了人的品位、格调和独特性，无论是男士香水还是女士香水都有其特定的象征意义。设计师在设计香水产品POP广告时，应将重点放在品牌塑造、香味渲染和情调发挥等方面。

| | CMYK | 2,23,12,0 | RGB | 249,214,212 | | CMYK | 12,84,53,0 | RGB | 228,73,91 |
| | CMYK | 38,7,16,0 | RGB | 171,214,220 | | CMYK | 42,69,54,0 | RGB | 170,102,103 |

○ **思路赏析**

该香水POP广告非常讲究，设计师为了呈现出产品的独特之处，灵活地选择了相应的颜色与元素进行表达。

○ **配色赏析**

由于该款香水是花香调，设计师用玫红色做背景色，暗示采用的鲜花，并与瓶身颜色相呼应，整个画面给人的感觉如同置身春日。

○ **设计思考**

设计师用鲜花作为主要元素烘托产品，产品就像在鲜花绽放之下应运而生。其与设计融为一体，对女性消费者来说诱惑力十足。

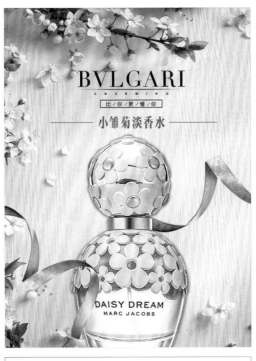

	CMYK 23,7,4,0	RGB 207,226,241
	CMYK 56,8,94,0	RGB 131,190,50
	CMYK 15,35,46,0	RGB 226,181,140

	CMYK 93,88,89,80	RGB 0,0,0
	CMYK 7,12,48,0	RGB 249,230,151
	CMYK 19,12,3,0	RGB 214,221,237

 同类赏析

由于该品牌香水为淡香水，为了具象呈现产品气味清幽，设计师用淡蓝色做背景色，同时用樱花元素点缀烘托花香氛围。

 同类赏析

为了吸引消费者，设计师用"明星最爱"这样的文案来作噱头，黑色背景能更好地体现产品的光感效果，带来梦幻的感觉。

其他欣赏　　**其他欣赏**　　**其他欣赏**

深度解析 | 节日庆典类POP广告

节日庆典类的POP广告在日常生活中很常见，且有多种类型，包括佳节促销、节庆祝福、渲染商店气氛等各种宣传海报。

下面来看一个精彩的节庆POP案例。该POP广告是中秋节节庆的宣传海报，商家想通过这样一种形式向大家表示祝福，渲染节庆氛围。

	CMYK 95,93,78,72	RGB 1,0,18		CMYK 13,4,51,0	RGB 237,237,150
	CMYK 49,94,13,0	RGB 159,41,135		CMYK 40,39,0,0	RGB 176,161,255

○ 内容赏析

由于是中秋节的POP广告，所以月亮是永恒的设计元素，这不是怀旧，而是一种浪漫和情调。设计师用团线来营造月亮的意象，非常有创意，让我们看到富有新意的月亮。月亮上用诗句装点，呼应主题，同时显得更有内容。

○ 配色赏析 ▶

POP广告以黑色加深蓝点缀烘托夜的氛围，再用黄色、紫色来表达各种中秋节元素，包括孔明灯、月亮、祥云、星系，丰富的元素让无尽的黑夜有了色彩，有了热闹，有了人间烟火气，这才是所有人向往的中秋佳节。

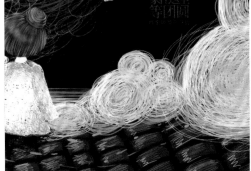

○ 内容赏析

用现代卡通的方式表现玉兔这样的神话角色，让小朋友们更有带入感，仿佛穿越古今。江上的渔船、对岸的楼房在月夜下变得更有诗意，这也是设计师想要展现的细节。

○ 细节赏析 ▶

黑夜天空星辰闪烁，流星划过，孔明灯高飞。设计师通过天上和人间的描绘，为我们展示了一幅热闹、梦幻、唯美的图卷，带给人一种安宁，向大家强调了团圆的可贵。

色彩搭配速查

　　色彩搭配是指对色彩进行选择组合后以取得需要的视觉效果，搭配时要遵守"总体协调，局部对比"的原则。本书最后列举一些常见的色彩搭配，供读者参考使用。

○ 柔和、淡雅

CMYK 4,0,28,0 CMYK 23,0,7,0 CMYK 0,29,14,0	CMYK 0,29,14,0 CMYK 7,0,49,0 CMYK 24,21,0,0
CMYK 45,9,23,0 CMYK 0,28,41,0 CMYK 0,29,14,0	CMYK 0,52,58,0 CMYK 0,74,49,0 CMYK 0,29,14,0
CMYK 0,29,14,0 CMYK 0,0,0,0 CMYK 46,6,50,0	CMYK 0,28,41,0 CMYK 4,0,28,0 CMYK 45,9,23,0
CMYK 56,5,0,0 CMYK 0,0,0,0 CMYK 23,0,7,0	CMYK 24,0,31,0 CMYK 45,9,23,0 CMYK 4,0,28,0

○ 温馨、清爽

CMYK 0,28,41,0 CMYK 27,0,51,0 CMYK 23,18,17,0	CMYK 0,29,14,0 CMYK 24,21,0,0 CMYK 24,0,31,0
CMYK 23,0,7,0 CMYK 23,18,17,0 CMYK 27,0,51,0	CMYK 24,21,0,0 CMYK 0,29,14,0 CMYK 23,0,7,0
CMYK 27,0,51,0 CMYK 0,0,0,0 CMYK 43,12,0,0	CMYK 24,0,31,0 CMYK 0,0,0,0 CMYK 59,0,28,0
CMYK 24,21,0,0 CMYK 0,0,0,0 CMYK 43,12,0,0	CMYK 45,9,23,0 CMYK 0,29,14,0 CMYK 27,0,51,0

○ 可爱、快乐

CMYK 59,0,28,0 CMYK 29,0,69,0 CMYK 1,53,0,0	CMYK 0,54,29,0 CMYK 0,0,0,0 CMYK 0,28,41,0
CMYK 48,3,91,0 CMYK 0,52,91,0 CMYK 4,25,89,0	CMYK 0,96,73,0 CMYK 0,0,0,0 CMYK 0,52,58,0
CMYK 50,92,44,1 CMYK 29,14,86,0 CMYK 66,56,95,15	CMYK 25,47,33,0 CMYK 7,0,49,0 CMYK 70,63,23,0
CMYK 0,74,49,0 CMYK 10,0,83,0 CMYK 74,31,12,0	CMYK 78,28,14,0 CMYK 23,18,17,0 CMYK 0,74,49,0

○ 活泼、生动

CMYK 0,74,49,0 CMYK 8,0,65,0 CMYK 48,4,72,0	CMYK 70,63,23,0 CMYK 0,0,0,0 CMYK 0,54,29,0
CMYK 0,52,91,0 CMYK 30,0,89,0 CMYK 27,88,0,0	CMYK 48,3,91,0 CMYK 0,0,0,0 CMYK 0,73,92,0
CMYK 0,52,91,0 CMYK 10,0,83,0 CMYK 78,28,14,0	CMYK 26,17,47,0 CMYK 27,88,0,0 CMYK 49,3,100,0
CMYK 0,73,92,0 CMYK 8,0,65,0 CMYK 80,23,75,0	CMYK 25,99,37,0 CMYK 79,24,44,0 CMYK 4,26,82,0

○ 运动、轻快

CMYK 0,74,49,0 CMYK 10,0,83,0 CMYK 89,60,26,0	CMYK 0,52,58,0 CMYK 0,0,0,0 CMYK 87,59,0,0
CMYK 0,52,91,0 CMYK 4,0,28,0 CMYK 83,59,25,0	CMYK 25,71,100,0 CMYK 29,15,82,0 CMYK 83,59,25,0
CMYK 48,3,91,0 CMYK 0,74,49,0 CMYK 83,59,25,0	CMYK 83,59,25,0 CMYK 0,0,0,0 CMYK 45,9,23,0
CMYK 67,0,54,0 CMYK 10,0,83,0 CMYK 83,59,25,0	CMYK 77,23,100,0 CMYK 4,26,82,0 CMYK 83,59,25,0

○ 华丽、动感

CMYK 48,3,91,0 CMYK 0,0,0,0 CMYK 78,28,14,0	CMYK 29,15,94,0 CMYK 0,52,80,0 CMYK 74,90,1,0
CMYK 0,96,73,0 CMYK 92,90,2,0 CMYK 29,15,94,0	CMYK 100,89,7,0 CMYK 10,0,83,0 CMYK 0,73,92,0
CMYK 52,100,39,1 CMYK 4,25,89,0 CMYK 25,100,80,0	CMYK 4,26,82,0 CMYK 92,90,2,0 CMYK 0,96,73,0
CMYK 0,96,73,0 CMYK 89,60,26,0 CMYK 10,0,83,0	CMYK 4,25,89,0 CMYK 79,24,44,0 CMYK 26,91,42,0

○ 狂野、充沛

CMYK 52,100,39,1 CMYK 10,0,83,0 CMYK 100,89,7,0	CMYK 25,100,80,0 CMYK 0,0,0,100 CMYK 100,89,7,0
CMYK 100,89,7,0 CMYK 10,0,83,0 CMYK 25,100,80,0	CMYK 25,92,83,0 CMYK 23,18,17,0 CMYK 100,91,47,9
CMYK 25,100,80,0 CMYK 79,74,71,45 CMYK 29,15,94,0	CMYK 0,0,0,100 CMYK 49,3,100,0 CMYK 25,100,80,0
CMYK 0,96,73,0 CMYK 79,74,71,45 CMYK 0,52,91,0	CMYK 52,100,39,0 CMYK 0,0,0,100 CMYK 80,23,75,0
CMYK 67,59,56,6 CMYK 0,73,92,0 CMYK 79,74,71,45	CMYK 45,92,84,11 CMYK 29,15,94,0 CMYK 73,92,42,5

○ 明快、明亮

CMYK 52,100,39,1 CMYK 4,25,89,0 CMYK 25,100,80,0	CMYK 4,26,82,0 CMYK 92,90,0,0 CMYK 0,96,73,0
CMYK 70,63,23,0 CMYK 10,0,83,0 CMYK 0,96,73,0	CMYK 0,96,73,0 CMYK 89,60,26,0 CMYK 10,0,83,0
CMYK 4,26,82,0 CMYK 79,24,44,0 CMYK 26,91,42,0	CMYK 0,96,73,0 CMYK 29,15,94,0 CMYK 89,60,26,0
CMYK 29,15,94,0 CMYK 0,52,80,0 CMYK 74,90,0,0	CMYK 0,52,80,0 CMYK 10,0,83,0 CMYK 89,60,26,0
CMYK 25,92,83,0 CMYK 0,29,14,0 CMYK 49,3,100,0	CMYK 100,89,7,0 CMYK 10,0,83,0 CMYK 0,73,92,0

○ 俏皮、花哨

CMYK 7,0,49,0 CMYK 0,0,0,40 CMYK 0,53,0,0	CMYK 0,74,49,0 CMYK 0,0,0,0 CMYK 75,26,44,0
CMYK 0,53,0,0 CMYK 100,89,7,0 CMYK 30,0,89,0	CMYK 60,0,52,0 CMYK 0,0,0,0 CMYK 26,72,17,0
CMYK 27,88,0,0 CMYK 0,28,41,0 CMYK 0,74,49,0	CMYK 0,29,14,0 CMYK 0,0,0,0 CMYK 50,92,44,0
CMYK 26,72,17,0 CMYK 10,0,83,0 CMYK 70,63,23,0	CMYK 26,72,17,0 CMYK 48,4,72,0 CMYK 73,92,42,5
CMYK 21,79,0,0 CMYK 26,17,47,0 CMYK 73,92,42,5	CMYK 22,54,28,0 CMYK 0,34,50,0 CMYK 0,24,74,0

○ 回味、优雅

CMYK 23,18,17,0 CMYK 26,47,0,0 CMYK 27,88,0,0	CMYK 0,29,14,0 CMYK 0,53,0,0 CMYK 24,21,0,0
CMYK 27,88,0,0 CMYK 62,82,0,0 CMYK 26,47,0,0	CMYK 47,40,4,0 CMYK 4,0,28,0 CMYK 0,29,14,0
CMYK 73,92,42,5 CMYK 23,18,17,0 CMYK 26,47,0,0	CMYK 0,54,29,0 CMYK 0,29,14,0 CMYK 0,53,0,0
CMYK 49,67,56,2 CMYK 26,47,0,0 CMYK 0,29,14,0	CMYK 25,47,33,0 CMYK 23,18,17,0 CMYK 0,29,14,0
CMYK 0,54,29,0 CMYK 50,68,19,0 CMYK 0,29,14,0	CMYK 50,68,19,0 CMYK 0,29,14,0 CMYK 26,47,0,0

○ 自然、安稳

CMYK 29,14,86,0 CMYK 7,0,49,0 CMYK 26,45,87,0	CMYK 25,46,62,0 CMYK 28,16,69,0 CMYK 65,31,40,0
CMYK 0,52,58,0 CMYK 47,64,100,6 CMYK 29,14,86,0	CMYK 28,16,69,0 CMYK 59,100,68,35 CMYK 25,71,100,0
CMYK 29,14,86,0 CMYK 67,55,100,15 CMYK 24,21,0,0	CMYK 26,45,87,0 CMYK 79,24,44,0 CMYK 4,26,82,0
CMYK 48,37,67,0 CMYK 26,17,47,0 CMYK 79,24,44,0	CMYK 46,6,50,0 CMYK 67,28,99,0 CMYK 82,51,100,15
CMYK 67,55,100,15 CMYK 50,36,93,0 CMYK 25,46,62,0	CMYK 59,100,68,35 CMYK 26,45,87,0 CMYK 26,17,47,0

○ 冷静、沉稳

CMYK 7,0,49,0 CMYK 46,6,50,0 CMYK 67,55,100,15	CMYK 47,65,91,6 CMYK 7,0,49,0 CMYK 48,4,72,0
CMYK 88,49,100,15 CMYK 61,0,75,0 CMYK 27,0,51,0	CMYK 88,49,100,15 CMYK 28,16,69,0 CMYK 24,0,31,0
CMYK 67,28,99,0 CMYK 29,14,86,0 CMYK 56,81,100,38	CMYK 67,55,100,15 CMYK 50,36,93,0 CMYK 25,46,62,0
CMYK 89,65,100,54 CMYK 67,28,99,0 CMYK 26,17,47,0	CMYK 88,49,100,15 CMYK 56,81,100,38 CMYK 28,16,69,0
CMYK 67,55,100,15 CMYK 7,0,49,0 CMYK 46,38,35,0	CMYK 88,49,100,15 CMYK 76,69,100,51 CMYK 26,17,47,0

○ 温柔、优雅

CMYK 50,36,93,0	CMYK 25,46,62,0
CMYK 4,0,28,0	CMYK 67,59,56,6
CMYK 26,47,0,0	CMYK 25,47,33,0
CMYK 26,17,47,0	CMYK 26,17,47,0
CMYK 79,74,71,45	CMYK 67,59,56,6
CMYK 53,66,0,0	CMYK 25,47,33,0
CMYK 50,68,19,0	CMYK 25,46,62,0
CMYK 26,17,47,0	CMYK 46,38,35,0
CMYK 65,31,40,0	CMYK 67,59,56,6
CMYK 76,24,72,0	CMYK 73,92,42,5
CMYK 23,18,17,0	CMYK 46,38,35,0
CMYK 50,68,19,0	CMYK 24,21,0,0
CMYK 50,68,19,0	CMYK 26,17,47,0
CMYK 47,40,4,0	CMYK 46,38,35,0
CMYK 24,21,0,0	CMYK 56,81,100,38

○ 稳重、古典

CMYK 64,34,10,0	CMYK 45,100,78,12
CMYK 73,92,42,5	CMYK 29,0,69,0
CMYK 26,17,47,0	CMYK 0,52,91,0
CMYK 70,63,23,0	CMYK 56,81,100,38
CMYK 59,100,68,35	CMYK 0,52,91,0
CMYK 46,6,50,0	CMYK 8,0,65,0
CMYK 45,100,78,12	CMYK 59,100,68,35
CMYK 89,69,100,14	CMYK 50,36,93,0
CMYK 29,15,94,0	CMYK 77,100,0,0
CMYK 50,92,44,0	CMYK 47,64,100,6
CMYK 29,14,86,0	CMYK 28,16,69,0
CMYK 66,56,95,15	CMYK 66,56,95,15
CMYK 81,21,100,0	CMYK 66,56,95,15
CMYK 27,44,99,0	CMYK 29,14,86,0
CMYK 67,59,56,6	CMYK 26,91,42,0

○ 厚重、品位

CMYK 4,0,28,0	CMYK 83,55,59,8
CMYK 60,0,90,0	CMYK 47,65,91,6
CMYK 83,55,59,8	CMYK 29,14,86,0
CMYK 82,51,100,15	CMYK 92,92,42,9
CMYK 45,100,78,12	CMYK 65,31,40,0
CMYK 0,28,41,0	CMYK 47,64,100,6
CMYK 45,92,84,11	CMYK 83,55,59,8
CMYK 25,46,62,0	CMYK 26,17,47,0
CMYK 89,65,100,54	CMYK 92,92,42,9
CMYK 56,81,100,38	CMYK 73,92,42,5
CMYK 50,36,93,0	CMYK 67,59,56,6
CMYK 89,65,100,54	CMYK 92,92,42,9
CMYK 50,36,93,0	CMYK 92,92,42,9
CMYK 45,100,78,12	CMYK 45,100,78,12
CMYK 26,47,0,0	CMYK 23,18,17,0

○ 洁净、高雅

CMYK 23,18,17,0	CMYK 29,0,69,0
CMYK 0,0,0,0	CMYK 0,0,0,0
CMYK 70,63,23,0	CMYK 100,91,47,9
CMYK 43,12,0,0	CMYK 29,14,86,0
CMYK 0,0,0,0	CMYK 0,0,0,0
CMYK 83,59,25,0	CMYK 83,59,25,0
CMYK 74,34,0,0	CMYK 48,3,91,0
CMYK 4,0,28,0	CMYK 23,18,17,0
CMYK 70,63,23,0	CMYK 0,0,0,100
CMYK 23,18,17,0	CMYK 78,28,14,0
CMYK 100,91,47,9	CMYK 29,0,69,0
CMYK 43,12,0,0	CMYK 67,59,56,6
CMYK 74,31,12,0	CMYK 38,13,0,0
CMYK 100,91,47,9	CMYK 38,18,2,0
CMYK 23,18,17,0	CMYK 38,27,0,0

○ 简单、时尚

CMYK 43,12,0,0	CMYK 83,55,59,8
CMYK 0,17,46,0	CMYK 0,0,0,0
CMYK 67,59,56,6	CMYK 46,38,35,0
CMYK 78,28,14,0	CMYK 46,38,35,0
CMYK 0,0,0,0	CMYK 23,18,17,0
CMYK 67,59,56,6	CMYK 83,55,59,8
CMYK 23,18,17,0	CMYK 67,59,56,6
CMYK 46,38,35,0	CMYK 23,18,17,0
CMYK 73,92,42,5	CMYK 64,34,10,0
CMYK 46,38,35,0	CMYK 65,31,40,0
CMYK 0,0,0,0	CMYK 23,18,17,0
CMYK 92,92,42,9	CMYK 67,59,56,6
CMYK 46,38,35,0	CMYK 46,38,35,0
CMYK 23,18,17,0	CMYK 23,18,17,0
CMYK 0,0,0,100	CMYK 0,0,0,0

○ 简洁、进步

CMYK 92,92,42,9	CMYK 46,38,35,0
CMYK 48,3,91,0	CMYK 100,91,47,9
CMYK 83,59,25,0	CMYK 65,31,40,0
CMYK 100,89,7,0	CMYK 50,36,93,0
CMYK 27,0,51,0	CMYK 83,59,25,0
CMYK 79,74,71,45	CMYK 79,74,71,45
CMYK 67,59,56,6	CMYK 46,38,35,0
CMYK 48,3,91,0	CMYK 83,59,25,0
CMYK 100,91,47,9	CMYK 79,74,71,45
CMYK 83,60,0,0	CMYK 64,34,10,0
CMYK 28,16,69,0	CMYK 89,60,26,0
CMYK 79,74,71,45	CMYK 0,0,0,100
CMYK 100,91,47,9	CMYK 0,0,0,100
CMYK 23,18,17,0	CMYK 46,38,35,0
CMYK 89,60,26,0	CMYK 100,91,47,9